Gerhard Beilharz
Quintenstimmung und Kinderlied

# Lebenselement Musik

Aus der Arbeit der Freien Musik Schule
Kunst – Pädagogik – Therapie
4

Gerhard Beilharz

# Quintenstimmung und Kinderlied
## Aspekte zum Singen mit Kindern
in memoriam Alois Künstler (1905 – 1991)

edition ⌇ zwischentöne

*Der munter harmlose Umgang mit Musik ist eine*
*Beleidigung der Musik und der Kinder.*
Donata Elschenbroich: Weltwissen der Siebenjährigen


*Welche Bedeutung die Musik für das Kind hat und wie es sie erlebt,*
*ist für den Erwachsenen nur schwer zu durchschauen.*
Edmund Pracht: Die Entwicklung des Musikerlebens in der Kindheit


*Ihr sagt: „Der Umgang mit Kindern ermüdet uns.“*
*Ihr habt recht.*
*Ihr sagt: „Denn wir müssen zu ihrer Begriffswelt hinuntersteigen.*
*Hinuntersteigen, uns herabneigen, beugen, kleiner machen.“*
*Ihr irrt euch.*
*Nicht das ermüdet uns.*
*Sondern – dass wir zu ihren Gefühlen emporklimmen müssen.*
*Emporklimmen, uns ausstrecken, auf die Zehenspitzen stellen, hinlangen.*
*Um nicht zu verletzen.“*
Janusz Korczak: Wenn ich wieder klein bin

**Gerhard Beilharz,** geboren 1953 in Baiersbronn/Schwarzwald. Studien in Musikwissenschaft, Ethnologie und Psychologie. Studium an der Freien Musik Schule. Kunst – Pädagogik – Therapie. 1979 bis 2001 tätig als Musiklehrer im heilpädagogischen Bereich und an einer Waldorfschule. Musikdozent am Rudolf-Steiner-Seminar für Heilpädagogik in Bad Boll und innerhalb der Freien Musik Schule. 2004 Gründung des Verlags edition zwischentöne. Veröffentlichungen zu musikpädagogischen Themen und zu neu entwickelten Instrumenten.

Aktualisierte, erweiterte Neuausgabe
© 2021 edition zwischentöne
Buch- und Musikverlag Gerhard Beilharz
Forststr. 15
73235 Weilheim/Teck
Gesamtgestaltung: Sofia Beilharz
www.edition-zwischentoene.de

ISBN 978-3-937518-42-8

# Inhalt

# Vorwort

Die vorliegende Schrift geht im Kern zurück auf meinen 1992 geschriebenen, 1998 als Manuskriptdruck veröffentlichten Beitrag zu dem Doppelthema „Quintenstimmung und Kinderlied". Nach weit mehr als 20 Jahren war es Zeit für längst fällige Aktualisierungen. Da mich das Thema ständig begleitet, sind im Laufe der Jahre weitere Erfahrungen und Erkenntnisse hinzugekommen. Also fing ich an umzuschreiben und die ursprüngliche Darstellung wesentlich zu erweitern.

In den folgenden Ausführungen geht es von verschiedenen Seiten aus immer wieder um Stimmungsräume. Sie werden zunächst aufgesucht in der musikalischen Selbsterfahrung, in pädagogischen und musikpädagogischen Beobachtungen, in biografischen Zeugnissen, in Forschungsergebnissen aus der Musikpsychologie. Leitend ist dabei immer die Frage nach einer von späteren Entwicklungsphasen unterscheidbaren seelischen Grundstimmung der jüngeren Kinder. Diese reicht – so die pädagogische Erfahrung – aus der Vorschulzeit noch bis in das erste Schulalter hinein, um sich dann, etwa um das 9. Lebensjahr herum, spürbar zu verwandeln. Wer mit Kindern im Vorschulalter oder ersten Schulalter pädagogisch tätig ist, kann diesen so besonderen „Lebensraum" wahrnehmen, in den es sich als Erwachsener einzustimmen gilt. Dies ist über alle Fächergrenzen und Berufsspezialisierungen hinweg eine Aufgabe für jegliche Art der Interaktion zwischen Erwachsenen und Kindern, im Sinne einer der jeweiligen Altersstufe abgelauschten Beziehungsgestaltung.

Aus musikpädagogischer Sicht ergibt sich daraus dann konkret die Frage nach einer diesem Lebensraum der Kinder angemessenen musikalischen Gestaltung: Wie kann ich dieses besondere Gestimmtsein der jüngeren Kinder nicht nur wahrnehmen lernen, sondern ihm auch musikalisch adäquat, altersgemäß begegnen? Dabei geht es letztlich um Resonanz im weitesten, heute durchaus geläufigen Sinne des Wortes.

Im zweiten Teil der vorliegenden Schrift wird dieser Resonanzfrage nachgegangen, indem der Fokus ganz auf das Kinderlied gerichtet wird. Dabei bleiben andere wesentliche Aspekte einer Musikpädagogik für Vorschulalter und erstes Schulalter – Instrumente, musikalische Bewegungsspiele, Improvisatorisches – weitgehend ausgeklammert.[1] Die große Rolle, die das Singen in der Pädagogik dieser Altersstufe spielt, scheint mir die Begrenzung auf diesen bislang noch wenig im Detail untersuchten Bereich zu rechtfertigen. Es werden dabei vor allem Phänomene des traditionellen Kinderliedes und der seit 1919 im Umkreis der Waldorfpädagogik entstandenen Kinderlieder in den Blick genommen. Gleichzeitig wird unter dem Aspekt der Resonanzfähigkeit immer wieder nach der konkreten Umsetzung gefragt: In welcher Art und Weise singen wir? Wie stimmen wir uns als Erwachsene, die mit Kindern singen wollen, in deren Erlebnisraum ein?

Dass Singen einen hohen Bildungswert besitzt, ist heute unumstritten und in den verschiedensten Wirkebenen vom Sozialen bis hin zu physiologischen und leibaufbauenden Vorgängen zunehmend erforscht. Singen wird in den letzten Jahren auf neue Weise wertgeschätzt. So sind in den letzten ca. 20 Jahren gerade für das Vorschulalter viele erfreuliche Initiativen entstanden, um das Singen in den Kindertagesstätten wieder zu stärken.[2] Es wird also wieder mehr gesungen. Dabei ist eine bunte Vielfalt der Stile und Begründungen zu beobachten. Zwei Extreme seien hier genannt: auf der einen Seite die Überbetonung von Transfereffekten (*Musik macht schlau!*), wodurch die Musik vor den Karren einer permanenten Entwicklungsoptimierung gespannt wird; auf der anderen Seite gedankenloser Aktionismus und triviale Spaßkultur. Zwei Dinge geraten dabei leicht in Vergessenheit: Singen und Musizieren sind fundamentaler Ausdruck des Menschseins und haben dadurch einen Wert in sich selbst. Und: Kinder haben auch eine musikalische Würde. Dieser Würde des Kindes auch im Sinne einer ästhetischen Erziehung verantwortungsvoll zu begegnen – dafür möchte die hier vorgelegte Schrift eintreten.

Gerhard Beilharz

---

1    Es liegen dazu von waldorfpädagogischer Seite inzwischen mehrere Veröffentlichungen vor. Eine kleine Auswahl sei hier genannt. – Gesamtdarstellungen: Riehm (1989/2007), Wünsch (1995), Kalwa (1997), Ronner (2005). – Improvisation, Bewegung, Hören: Waller (2004), Brass (2010). – Instrumentalspiel: Beilharz/Kumpf (2005), Beilharz/Giersch/Tobiassen (2014).
2    Sehr verdienstvoll in diesem Zusammenhang ist die von Peter Brünger 2003 veröffentlichte Untersuchung „Singen im Kindergarten" (Brünger 2003), eine die Fachwelt aufrüttelnde, große Defizite belegende Bestandsaufnahme.

# Quintenstimmung

*Das Kind lebt noch im Wesentlichen in Quintenstimmungen.*
Rudolf Steiner: Das Tonerlebnis im Menschen

# Einführung

Wer der Waldorfpädagogik begegnet und sich mit ihren musikalischen Ansätzen für das Vorschulalter und das erste Schulalter beschäftigt, stößt bald auf einen zunächst rätselhaften und außerhalb der „Waldorfwelt" in dieser Weise nicht gebräuchlichen Begriff: Quintenstimmung. Was es damit auf sich hat, ist nicht so leicht zu beschreiben. Es wird beim Sprechen oder Schreiben über die in der Praxis der Waldorfschulen und -kindergärten verfolgten musikpädagogischen Anliegen zuweilen stark verkürzt und damit in seiner eigentlichen Qualität verfehlt. Quintenstimmung ist keineswegs ein starres System von Tönen oder Intervallen, sondern eher ein musikalischer Lebensbezirk oder – wie Stephan Ronner (2005, S. 401) es einmal genannt hat – eine „Klimazone" des musikalischen Erlebens. Dieser Klimazone will ich mich von verschiedenen Seiten her nähern. Ich möchte damit dem Begriff Quintenstimmung etwas von seiner Rätselhaftigkeit nehmen und versuchen, seine Größe und Komplexität aufzuzeigen.

## Woher kommt der Begriff Quintenstimmung?

Seine Verwendung in einem nicht trivialen Sinne (wie z. B. bei der Stimmung eines Saiteninstrumentes) geht zurück auf einen von Rudolf Steiner am 7. März 1923 in Stuttgart gehaltenen Vortrag[1], in welchem nicht nur das musikalische Erleben, sondern die gesamte Bewusstseinsentwicklung des Menschen auf gänzlich ungewohnte Weise mit bestimmten Intervallqualitäten in Beziehung gesetzt und durch sie beschrieben wird. Auf dem Hintergrund dieses ungewöhnlichen, klingenden Ganges durch die Bewusstseinsgeschichte der Menschheit kommt Steiner schließlich auch auf die kindliche Entwicklung zu sprechen. Der entsprechende Passus lautet:

---

1     Es handelt sich um den ersten von zwei in Stuttgart am 7. und 8. März 1923 gehaltenen Vorträgen, in früheren Auflagen abgedruckt im Band: *Das Wesen des Musikalischen und das Tonerlebnis im Menschen* (Steiner, GA 283). In der aktuellen, neu durchgesehenen Auflage von 2015 sind sie enthalten im Band: *Eurythmie als sichtbarer Gesang* (GA 278).

„Das Kind bis so gegen das neunte Jahr hin hat, wenn man auch mit Dur und Mollstimmungen an dasselbe herankommen kann, eigentlich noch nicht ein richtiges Auffassen von Dur- und Mollstimmungen. Das Kind, wenn wir es zur Schule hereinbekommen, kann ja zur Vorbereitung eines Späteren eben empfangen Dur- und Mollstimmungen, aber das Kind hat weder das eine noch das andere. Das Kind lebt noch im Wesentlichen – so wenig man es gerne zugeben will – in Quintenstimmungen. Und daher wird man natürlich als Schulbeispiele dasjenige nehmen können, was auch schon Terzen hat; aber will man so recht an das Kind herankommen, so muss man das Musikverständnis von dem Quintenverständnis aus fördern. Das ist es, worauf es ankommt, während man dem Kinde eine große Wohltat erweist, wenn man mit Dur- und Mollstimmungen, überhaupt mit dem Verständnis des Terzenzusammenhanges so in jenem Zeitpunkte herankommt, den ich auch sonst bezeichnet habe als nach dem neunten Lebensjahre liegend, wo das Kind wichtige Fragen an uns stellt. Eine der wichtigen Fragen ist das Drängen nach dem Zusammenleben mit der großen und der kleinen Terz. Das ist etwas, was um das neunte und zehnte Lebensjahr auftritt, und was man ganz besonders fördern soll. Soweit wir es können nach unserem gegenwärtigen Musikbestande, ist es notwendig, dass man um das zwölfte Lebensjahr versucht, das Oktavenverständnis zu fördern. So wird den Lebensaltern wiederum angepasst sein, was von dieser Seite her an das Kind herangebracht werden muss" (Steiner, GA 278, 8.3.1923).

Dies ist eine der zentralen musikpädagogischen Anregungen Steiners, die sich in der Praxis als überaus tragfähig und fruchtbar erwiesen hat.

## Intervallstimmungen. Erste Annäherung

„Das Kind lebt noch im Wesentlichen […] in Quintenstimmungen", heißt es bei Steiner. Hat ein Intervallraum überhaupt eine Stimmung? Und wenn ja, wie wäre sie denn beschaffen, und wie könnte man darin leben?

Die folgende kleine Übung kann ein allererstes Licht auf diese Fragen werfen. Sie wurde so oder in ähnlicher Weise öfters in Fortbildungsgruppen praktiziert. Sie eignet sich auch für einen Selbstversuch. Wer möglichst unbefangen diesen Versuch machen möchte, vergegenwärtige sich zunächst nur die folgenden Notenbeispiele und lese erst später die anschließenden Kommentare. Ausgangspunkt ist der Anfang eines bekannten Liedes. Dieser Liedanfang, wahlweise auch nur das eröffnende Intervall, wird im Stehen ein- oder mehrmals gesungen und zwar so, dass man die Arme in einer freien Bewegung quasi mitsingen lässt.

Nun wird die Melodie etwas verändert. Wer nicht sicher vom Blatt singen kann, kann sich mit der neuen Tonfolge kurz an einem Instrument vertraut machen. Dann wieder im Stehen singen, entweder die ganze Tonfolge oder nur das eröffnende Intervall. Mit den Armen der melodischen Intention folgen!

Und als letzte Variante, mit derselben Vorgehensweise:

Hier nun Beobachtungen, die ich für diese kleine Übfolge in verschiedenenen Kursgruppen immer wieder neu bestätigt fand:
Originalmelodie (1): Beim mehrfachen Singen, vor allem, wenn man die Arme bewegend „mitsingen" lässt, stellt sich – für die einzelnen Teilnehmenden meist stringent wahrnehmbar – ungefähr Folgendes ein: Die melodische Bewegung eröffnet einen Stimmungs- oder Erlebnisraum, der uns, vom Brustraum ausgehend, in eine deutliche Weitung führt und den Atem auf eine angenehme, harmonische Weise in diesen geweiteten

Raum mitnimmt.[2] Die der musikalischen Bewegung spontan folgenden Arme beschreiben – bei fast allen Teilnehmenden ist dies immer wieder so zu konstatieren – einen nach außen und gleichzeitig etwas nach oben führenden, weich atmenden Bogen.

Variante (2): Die Melodie wird leicht verfremdet, die Kontur bleibt erhalten, wird aber gestaucht; aus dem eröffnenden Quintintervall wird eine große Terz. – Deutlich spürbar, bis in den Atem hinein, wird der Melodie etwas von ihrer ursprünglichen Weite und Größe genommen, dafür mutet das Ganze jetzt etwas andächtiger an. Die Bewegung der Arme wird kleiner, eventuell differenzierter gegliedert, bekommt mehr Gewicht als in der ursprünglichen Liedform. Vom vorletzten hin zum letzten Ton (fis als große Terz des Grundtones d) machen viele Teilnehmer eine wieder leicht nach innen führende Bewegung.

Variante (3): Jetzt wird fis durch f ersetzt (Wechsel von der großen zur kleinen Terz, von Dur nach Moll). – Das Ganze wird jetzt stärker innerlich empfunden, das Fortschreiten von Ton zu Ton wirkt noch gewichtiger als in der vorhergehenden Variante. Die in der originalen Melodie deutlich spürbare Verbindung zum eigenen Umraum ist fast völlig verschwunden. Die kleinen, nah am Körper verlaufenden Bewegungen der Arme und Hände werden als Bild eines inneren Bewegungsvorgangs erlebt.

Man könnte jetzt einwenden, dass in jeder der drei Varianten dieser Melodie ja immer verschiedene Intervalle vorkommen, nicht nur ein einziges in Reinkultur. Das konkrete Erleben bestätigt aber, dass jeweils eine bestimmte Intervallqualität vorherrscht und stimmungsbildend wirkt. Das erste Intervall eröffnet sozusagen als Tor, durch das man eintritt einen charakteristischen Stimmungsraum, in welchem sich dieser kleine Melodieabschnitt bis zu seinem Ende bewegt.[3] Im originalen Liedanfang ist dies die Quinte, in den beiden Varianten die große, bzw. die kleine Terz. Auf dem Hintergrund unserer kleinen Übung lässt sich in einer ersten Annäherung sagen: Jedes der drei genannten Intervalle schafft für das musikalische Erleben einen charakteristischen Raum.[4]

---

2    Das ruhige rhythmische Gleichmaß unterstützt die beschriebene Wirkung. Gleichzeitig bleibt der rhythmische Aspekt im Gesamterleben hier im Hintergrund.

3    Das gilt so für den hier gewählten Liedanfang und lässt sich selbstverständlich nicht bei jedem anderen Liedbeispiel in derselben Weise wiederfinden.

4    Damit ist nicht etwas Starres und Unveränderliches gemeint. Eher könnte

Die Quinte: Sie schafft eine über das alltägliche Normalmaß hinausgehende, vor allem auch im Atembereich spürbare Weitung, eine stärkere Öffnung zur Welt hin, oft verbunden mit einem Gefühl von *Leichte*; vorwiegend wird der Umraum oberhalb der eigenen Mitte erlebt. Einige Eigenschaften dieses Raumes werden in Studiengruppen immer wieder genannt: frisch, klar, herb, licht, freundlich.

Die große Terz: Der Erlebnisraum wird kleiner, körpernäher, inniger. Der Atem greift nicht mehr so weit aus, der Umraum wird weniger wahrgenommen. Der jetzt erlebte Raum ist dem Erwachsenen vertrauter als der Quintenraum. Er wird als farbiger erlebt, tendenziell auch als schwerer.

Die kleine Terz: Sie schafft gegenüber der großen Terz eine noch weitere Verdichtung und Verinnerlichung des Erlebens, die Farben werden noch intensiver und gewichtiger. Je nach eigener Konstitution und Tagesform kann dieser Raum als besonders wohlig, möglicherweise auch als leicht bedrückend empfunden werden.

Wir werden später auf diese Intervall-Stimmungsräume zurückkommen. Zuerst wollen wir uns aber den Kindern und einigen an ihnen beobachtbaren Stimmungen zuwenden. Dabei geht es zunächst einmal überhaupt nicht um Musik, jedenfalls nicht im engeren, gewohnten Sinne des Wortes.

# Was klingt aus dir?

So oder ähnlich könnten wir als Erwachsene fragen, wenn wir als Eltern, Erzieher*innen oder Lehrer*innen etwas vom Wesen der uns anvertrauten Kinder verstehen wollen. Unsere gleichsam lauschende Aufmerksamkeit ist auf all das gerichtet, was wir an einem Kind wahrnehmen können. Und dazu gehört weit mehr als das, was wir gewöhnlich mit dem Prozess des Hörens in Verbindung bringen.[5]

---

man von Landschaften oder, wie schon weiter oben erwähnt, von Klimazonen sprechen, in denen sich der Erlebende bewegt und dabei auch durchaus unterschiedlichen Einzelereignissen begegnet.

5      So schreibt z.B. Gerburg Fuchs von einer „Pädagogik des Lauschens": „Die Pädagogin wird still. Lauschend beobachtet sie das Kind, indem sie alle Sinneseindrücke, die vom Kinde aus auf sie zukommen, wahrnimmt und in sich wirken lässt, ohne diese

Vergleicht man den Habitus eines 6- bis 7-jährigen Kindes mit dem eines 14- bis 15-jährigen Jugendlichen, wird im Kontrast besonders deutlich, in welcher Grundstimmung sich das jüngere Kind darlebt: Sein Gang ist meist leichtfüßig, der Leib scheint noch wenig in die Schwere eingegliedert, die gesamte Haltung strahlt Offenheit aus: keine verschränkten Arme, keine übereinandergeschlagenen Beine, keine in die Hosentaschen vergrabenen Hände. So spricht sich auch in der äußeren Haltung aus, wie die seelischen Grenzen gegenüber der Welt und den Mitmenschen beim jüngeren Kind offener verlaufen als beim viel stärker auf sich selbst bezogenen Jugendlichen. Auch ist im Gegensatz zum cool gechillten Bewegungsmodus des Jugendlichen eine ausgesprochene Bewegungsfreude mit entsprechenden spontanen Impulsen zu bemerken. Auf dem Pausenhof sieht man die Erstklässler quirlig herumflitzen, während die Neuntklässler in kleinen Grüppchen irgendwo stehen oder sitzen. Das Verhältnis zur Zeit ist bis ins erste Schulalter hinein noch wesentlich bestimmt durch ein Aufgehen im Hier und Jetzt. Der Atem ist leichter, weniger tief als beim Jugendlichen oder Erwachsenen. Der Klang der Stimme ist eher umkreishaft, weniger zentriert und körpergebunden als beim Jugendlichen. Man könnte ihn als licht bezeichnen, noch ohne die spätere innige Wärme und persönliche Färbung. Die geschilderten Phänomene weisen darauf hin, dass das Seelische noch nicht so tief mit dem Körper verbunden ist wie beim Jugendlichen oder Erwachsenen. Mit Recht könnte man sagen: Das Leben ist noch *leichter*.

Geht man in der Entwicklung des Kindes noch weiter zurück, scheint die Verbindung zwischen Leib und Seele noch loser und lockerer als für die Erstklässler geschildert. Ein dreijähriges Kind, das sich wehgetan hat und weint, kann auf dem Arm der Mutter mit einem „Heile, heile, Segen" und dem Wegpusten des Wehwehs seinen Schmerz rasch vergessen. Bei einem Jugendlichen wird man mit dergleichen „magischen" Handlungen nichts mehr ausrichten können. Sowenig fest das Seelische noch mit dem eigenen Leib verbunden ist,[6] so fühlt sich das Kind im Vorschulalter auch

---

zu bewerten" (Fuchs 2004, S. 4).

6        In einem seiner pädagogischen Vorträge beschreibt Steiner, wie in der kindlichen Entwicklung bis zum 14. Lebensjahr hin die Seele (der astralische Leib) vom Körper zunehmend angezogen wird, „und wenn er ganz angezogen ist, wenn der astralische Leib nicht mehr bloß lose verbunden ist, sondern den physischen und Ätherleib ganz innig durchdringt, dann ist der Mensch auf dem Lebenspunkt der

noch tendenziell mit der Welt in-eins, und zwar auf eine märchenhaft-imaginative Weise, in der selbst tote Gegenstände noch wesenhaft erlebt werden können: „Ein Kind von vier Jahren sieht ein Fotostativ, das ganz ausgezogen ist und schmal dasteht. Es sagt spontan, das Stativ sei stolz. Als das Stativ dann schief dasteht, meint es, dieses Stativ sei nun traurig" (Kranich 1990, S. 29 f.).

Das Kind im Vorschulalter stellt sich der Welt meist nicht in kritischer Distanz gegenüber, sondern es ist noch geprägt von vorbehaltloser Offenheit und dem Grundvertrauen in eine *gute* Welt.[7]

Mit dem um das 9. bis 10. Lebensjahr herum einschlagenden neuen Selbstgefühl bricht diese einheitliche „heile Welt" entzwei. Das Kind tritt nun auf neue Weise der Außenwelt gegenüber, geht auf kritische Distanz gegenüber Eltern und Lehrenden. In der pädagogischen Literatur, aber auch in manchen Autobiografien, findet man Hinweise auf solche Übergänge.[8] So bemerkt der Pädagoge Stefan Leber zu diesem Lebensalter:

„Die bisher noch immer vorherrschende Grundempfindung, seelisch mit der Welt eine Einheit zu bilden, bricht auf. Erstmals werden Distanz und Einsamkeit erlebt. Selbst die starke Bindung an die Eltern lockert sich, indem sich das Kind stärker in seiner Eigenheit und Eigenständigkeit erfährt; die gesamte innere Verfasstheit wird eine andere" (Leber 1993, S. 262).

„Mitte der dritten Klasse gab ein Lehrer als Hausaufgabe, zehn Sätze zu bilden, die mit ‚Warum' beginnen. Eine Schülerin fragt dabei in einigen Sätzen nach Alltäglichem. Dann aber kommen abgründige Sätze: Warum fängt alles mit warum an? – Warum kann ich böse sein? – Warum bin ich ein Ich? – Zuunterst malt sie ein Mädchen und schreibt in eine Sprechblase als elften Satz: Warum bin ich ein Mensch?" (ebd., S. 262 f.). Auffällig ist jetzt auch das Erwachen für die Schönheit einer Landschaft, die vorher als solche uninteressant war. Deutlich wird dieser Übergang in der folgenden Beschreibung einer Pädagogin:

---

Geschlechtsreife angelangt. […] Vorher ist er [der Astralleib] eine lose Wolke, in der das Kind lebt" (Steiner, GA 311, 18.8.1924). In der Entwicklung des musikalischen Erlebens spiegelt sich dieser Vorgang wider.

7        Traumatisierende Erfahrungen können allerdings den Aufbau dieses Vertrauensraumes stark beeinträchtigen.

8        Einige Beispiele findet man bei Müller-Wiedemann (1973/1984) und bei Koepke (1984).

„An einem klaren Sommertag war ich mit zwei Kindern unter 8 Jahren auf die Berge in Sussex gestiegen. Als wir den Hügel erstiegen hatten, öffnete sich dem weit ausgreifenden Blick ein herrliches Panorama, mehr Himmel als Erde. Von meiner Seite kam eine erwartungsvolle, aber auch etwas betroffene Stimme: ‚Was können wir denn hier machen?‘ Ich nahm wahr, dass der Blick für das Szenische der Landschaft bei meinen Begleitern noch nicht geboren war" (Davy 1971, zit. nach Müller-Wiedemann 1984, S. 164 f.). Und sie fährt fort, indem sie die geänderte Situation schildert, wenn sie sich an ihre eigene Kindheit erinnert: „Ich war neun Jahre alt und wanderte mit meinem Vater in Dorset. Ich war gerade den Berggrat entlang gelaufen und hatte mich, auf der Höhe angelangt, ins Gras geworfen, mein Kinn auf die Hände gestützt. Ich schaute auf das Gras, wie durch einen Miniatur-Wald. Darüber nichts als der blaue Himmel. Plötzlich sah ich die Erde in all ihrer Schönheit mit einem Gefühl, das die frühere unbewusste Wahrnehmung einschloss, aber doch ganz anders war" (ebd.).

An den wenigen hier skizzierten Beispielen wird deutlich, wie die Kinder in diesem Lebensalter einen neuen seelischen Landschaftsraum betreten, einen Erlebnisraum, der sich ihnen bis weit in das dritte Lebensjahrsiebt hinein nach und nach in immer tieferen, farbenreicheren Facetten erschließen wird.

In besonders prägnanter Weise und mit eindringlicher Sprachkraft entrollt Ernst Bloch in seinem Buch „Spuren" (1930/1972) ein Tableau solcher „Lebens-Stimmungen" und ihrer Wandlungen von der frühen Kindheit bis zum 12. Lebensjahr:

„Spüre mich leicht atmen, hin und her, koche leise. Merkte auch, dass ich taste, schrie, hörte aber nichts. Manchmal ist noch alles danach, so flüchtig und warm, weder hier noch dort. – Wird es heller, so kommt das Kriechen oder man kauerte herum. Vor den Ritzen im roten Sandstein und den rennenden Ameisen, sonst ist nichts da. Sonderbar werden die Ritzen kleiner, sobald man wächst, die Hand deckt zu viel von ihnen zu" (ebd., S. 72).

„Andres steigt auf, Büsche, der Garten hinterm Haus, sehr verwildert: man wagt sich nicht überall hin, der Wind in den Blättern. Schloss man die Augen, so wird man nicht gesehen, von der kleinen schwarzen Pumpe. Der Busch dahinter und ein junger Hund, den ich *Meintwegen* nannte, waren die ersten Freunde. Auch ein Holzbock für den Waschzuber hieß so, nein, er war das: ‚meint‘ war das lange, ‚wegen‘ das Querholz daran. Völlig klar; der Holzbock hieß nicht nur so, sondern sagte es selbst unaufhörlich. Die Straßen sahen auf dem Hinweg immer anders aus als rückwärts; weshalb sie lebten. Wir rannten bis dahin, wo der Bäcker und das böse Weib wohnten, auch die Uhr vom Turm schlug“ (ebd., S. 73).

„Was man als Kind hört, trägt sich fast immer ganz nahe zu. Das böse Weib kam hundertfach vor, auch in Märchen, sie kochte Brei und raubte. Hinter dem obersten Fenster eines hohen Eckhauses wohnte der kleine Muck; stundenlang sahen wir zu den scheußlichen Ziegelsteinen empor. Manchmal sahen wir ein Gesicht hinter den Scheiben, an den Füßen hatte es die großen Schuhe und gewiss das Stöckchen in der Hand. So oft ich konnte, wartete ich vor der Tür, um den Ausgang Mucks zu sehen. Einmal fragten wir den Briefträger nach ihm, aber der sagte nichts und schüttelte den Kopf, das kannte man von Erwachsenen, wenn man sie nach unförmigen Dingen fragte, desto sicherer waren sie da” (ebd., S. 74).

„Acht Jahre, und am merkwürdigsten die Nährollenschachtel in einer Auslage am Schulweg; sie stand zwischen Wolle und Deckchen mit weiblicher Handarbeit, die einen doch nichts anging. Doch auf der Schachtel war etwas abgebildet, mit vielen Farbpünktchen oder Fleckchen auf dem glatten Papier, als ob das Bild geronnen wäre. Eine Hütte war zu sehen, viel Schnee, der Mond stand hoch und gelb am blauen Winterhimmel, in den Fenstern der Hütte brannte ein rotes Licht. Unter dem Bildchen stand „Mondlandschaft“, und ich glaubte zuerst, das sei eine Landschaft auf dem Mond, ein sehr großes Stück Chinarinde gleichsam; aber ich hatte eine durchdringende Erschütterung dabei, die ganz unaussprechlich war, und habe das rote Fenster nie vergessen. – Wahrscheinlich wird jedem einmal, irgendwann und dann wieder an andrem so zumut; ob es nun Worte oder Bilder sind, die ihn treffen. – Der Mensch fängt früh damit an, hörte er nicht ebenso früh damit auf, so wäre ihm das Bild wichtiger als er selbst, ja als sein ganzes Leben. – Der Fall hängt nur sehr indirekt mit dem Icherlebnis dieser Jahre zusammen; es kam im gleichen Jahr auf einer Bank im Wald, und ich spürte „mich“ als den, der sich spürte, der heraussah, von dem man nie mehr loskommt, so schrecklich wie wunderbar, der ewig in der eigenen Bude mit Globus sitzt. Den man immer vorrätig hat, selbst wenn er sich unter Kameraden aufhebt, und der zuletzt einsam stirbt, aber freilich das rote Fenster hat, ewig dahinter ist" (ebd., S. 76/77).

„Zwölf Jahre machen unruhig, männlich, damit ebenso nüchterner. Viele rohe Burschen in der Klasse, auch schmeckte die Schule nicht. Freunde: ein schwarzer Junge, wir trieben Unzucht, gingen über Land und rauchten, liebten und achteten uns, was man in dieser Zeit mehr braucht. Ein blonder Junge von schlechter Gesichtsfarbe, man hatte ihn in Bleyles Knabenanzüge gesteckt, aber er trug sie mit Haltung und in seinen grünen Augen lag Macht. Er presste Pflanzen und lieh uns Bücher, in denen der Seewind pfiff. Auch hielten wir Briefmarken, Magnet und Fernrohr; das Eisen zog und das Glas war ein starker Mann, der zu den fernsten Dingen brachte, man wollte weg. Damals fragte ich auch: warum sind die Dinge verschieden schwer? – und schrieb es auf" (ebd., S. 79/80).

Blochs Beschreibung lässt eine enorme Wegstrecke seelischer Entwicklung deutlich werden: vom magisch entgrenzten Weltbezug der frühen Kindheit, „so flüchtig und warm, weder hier noch dort" zum Holzbock des Waschzubers, der seinen Namen „Meintwegen" ausspricht, über den im Eckhaus wohnenden kleinen Muck und das märchenhaft erlebte „rote Fenster" hin zum Ich-Erlebnis des etwa Neunjährigen auf der Bank im Wald, der sich „spürte als den, der sich spürte", bis zum Zwölfjährigen, der „Briefmarken, Magnet und Fernrohr" hält, die Welt von Grund auf befragt und weg will „zu den fernsten Dingen".

# Noch einmal Intervallstimmungen. Drei Landschaften

Kehren wir zurück zu den musikalischen Elementen und ihren Qualitäten:
Im eingangs erwähnten Vortrag Rudolf Steiners steht das Erleben von Septime, Quinte und Terz für unterschiedliche Zuständlichkeiten im Spannungsfeld zwischen Selbst- und Welterleben. Nun wäre es aber keineswegs weiterführend, dies – je nach eigener Neigung – entweder als Glaubensinhalt zu nehmen oder aber als hochgradig spekulativ abzutun. Tatsächlich lässt es sich ganz unvoreingenommen erfahren. Um dies zu

ermöglichen, hat meine Kollegin Christiane Kumpf Übungen für die Kursarbeit mit Erwachsenen entwickelt. Für diese Übungen gilt grundsätzlich, dass vorab keine musikalischen Begrifflichkeiten benannt werden oder etwa ein expliziter Bezug zu dem erwähnten Vortrag Rudolf Steiners hergestellt wird. Das Ganze gestaltet sich als eine Art Reise in begriffslose Hör-Landschaften. Dieser Übweg soll hier in aller Kürze skizziert werden, wohl wissend, dass eine solche Verschriftlichung niemals das eigene Erleben ersetzen kann.[9]

Vorübungen: Es hat sich bewährt, in heiterer und gelassener Atmosphäre mit musikalischen Bewegungsspielen und entdeckungsfreudigem gemeinsamem Klingen die nötige Offenheit und Durchlässigkeit im Erleben zu erreichen.[10] So kann sich das hörende Wahrnehmen über den ganzen Körper ausbreiten. Der gleichzeitig entstehende soziale Vertrauensraum gibt den Schutz, um sich in der Gruppe für die Intervallerlebnisse ganz öffnen zu können. Dabei kann es auch zu Berührungen mit empfindlichen seelischen und biografischen Schichten kommen, die vom Anleitenden gut ins Bewusstsein genommen werden müssen.

Nun werden nacheinander drei Hörlandschaften aufgesucht, vorzugsweise mit viel Zeit und Pausen zwischen den einzelnen Erlebnisräumen.

*Erste Reise*

Die Teilnehmer*innen bewegen sich frei im Raum, öffnen sich, stimmen sich auf das Hören ein. Im Folgenden können sie entweder sich weiterbewegen oder stehen, sich auch sitzend oder liegend im Raum einrichten. In diese Offenheit hinein werden für die Teilnehmenden auf der Leier Septimenräume gespielt: große und kleine Septimen spannen in ruhiger, frei schweifender Bewegung durch mehrere Oktavlagen hindurch Räume auf.[11] Die Zuhörenden versuchen sich für einige Minuten ganz auf

---

9    Für eine detailliertere Beschreibung dieser Übungen, die wir im Rahmen der „Freien Musik Schule. Kunst – Pädagogik – Therapie" über viele Jahre hinweg in Weiterbildungsgruppen mit Menschen aus sozialen und pädagogischen Berufen praktiziert haben, vgl. Beilharz/Kumpf 2019.

10    Pär Ahlbom und Werner Kuhfuss haben seit den 1970er Jahren Grundlagen für solche spielerischen Übungen gelegt, eine Generation von Schülern hat mit Weiterentwicklungen daran angeknüpft (z.B. Kumpf 2005; Waller 2004).

11    Für die hier beschriebenen Übungen charakteristisch und entscheidend ist, dass die jeweiligen Intervalle nicht von einem Grundton ausgehend als Stufenintervalle gespielt werden. Sie kommen noch ganz ohne Grundtonbezug sozusagen aus der Weite

diese Klänge einzustimmen, lassen sich innerlich von ihnen verwandeln, folgen mit eigenen Raumbewegungen oder Gesten, oder lassen sich, auch ohne äußere Bewegung, von dieser fremden Welt berühren.

Im Anschluss werden Erfahrungen ausgetauscht. – Fast alle Teilnehmer erleben eine starke Entgrenzung: für einige verbunden mit höchsten Glücksgefühlen „wie auf einer Sternenreise" – für andere eher ängstigend, „totale Einsamkeit", „eisige Landschaft". Oft klingen auch eigene früheste Entwicklungsstufen an: „fühle mich wie ein Embryo", „spüre Sehnsucht nach einem Leib", „es gibt noch keine Zeit". – Eigene äußere Bewegungen in diesen Septimenräumen werden so oder ähnlich beschrieben: „wie von außen gezogen", „zum Licht hin gestreckt" oder auch „wie von Wasser getragen". – Allen Erlebnissen ist gemeinsam, dass das eigene Bewusstsein nicht in gewohnter Weise zentriert und im Körper verankert ist (vgl. Beilharz/Kumpf 2019, S. 59/60).

*Zweite Reise*

Für diese Reise in den Bereich der Quinte hat es sich bewährt, vom nochmaligen Eintauchen in die Septimenstimmung auszugehen und dann nach einer kurzen Pause der Stille in die Quintenwelt einzutreten. So wird deutlicher, was da aufklingt, wie der Verlust des Bisherigen und der Gewinn des Neuen erlebt wird. Vom zentralen Ton „a" aus werden dann in freier räumlicher Entfaltung und in einer atmend schwingenden Folge über mehrere Oktavräume abwärts und aufwärts reine Quinten gespielt (ebd., S. 61).

In dieser Quintenlandschaft werden die Gesten und Bewegungen im Raum runder und geschwungener, weniger strahlig als bei den Septimen. Meist werden die Augen geöffnet, eine freudig bewegte, entspannte Stimmung breitet sich aus: „heiter", „sonnig", „Aufblühen der Landschaft", „es ist gut so, die Welt stimmt", „ich habe Lust etwas zu tun". Diese Landschaft ist „näher", berührt im Hören den Umraum der eigenen physischen Gestalt. „Ein weiter, atmend offener, aber dennoch gehüteter Raum wird erlebt" (ebd., S. 61).

---

(Septim) daher, spannen ihre jeweiligen Räume auf und ziehen sich später, über die Quinte, bis zur Terz hin zusammen.

*Dritte Reise*

Es ist hilfreich, vor dieser Reise in den Bereich der Terz noch einmal kurz in die Quintenwelt einzutauchen und erst danach in die von der Terz geprägte Stimmung einzutreten.

„Vom c ausgehend wird aufwärts der C-Dur-Dreiklang in freier Bewegung gespielt, abwärts der a-moll-Dreiklang. Das Ganze in freiem Wechsel, immer wieder auch als Terz- bzw. Dreiklang angeschlagen. Wieder verändert sich alles deutlich. Die Bewegungen im Raum bekommen insgesamt eine mehr einwärts gerichtete Tendenz, vor allem bei den abwärtsgehenden Intervallen. Armbewegungen sind näher am Körper, oft berührt eine Hand den Brustbereich oder den anderen Arm. Die Bewegungen sind langsamer und bedächtiger als bei der Quinte. Viele bleiben für sich in Ruhe aufgerichtet oder stehen als Gegenüber bei einem Anderen. Sie wirken geerdet, gesammelt, wach" (ebd., S. 62).

Erlebnisse: „der Raum konsolidiert sich, ein kraftvoller Wärmeraum", „jetzt habe ich mich ganz in mir drin gespürt, ich bin Mittelpunkt der Welt", „meine Beine sind schwerer geworden", „alles ist plötzlich so verbindlich, das Paradies ist verloren". In all den immer wieder geschilderten Erfahrungen wird deutlich, wie ein eigener Mitte-Raum entsteht, verankert im eigenen Körper, jedoch mit einem Verlust an Weite, Weltverbundenheit und Licht.

Im Gang durch diese drei Erlebnislandschaften werden die durch das Spielen der verschiedenen Intervallräume hervorgerufenen Atmosphären deutlich unterscheidbar: Vom seelischen Entgrenzt-Sein im Bereich der Septime, durch die lichte, leichte, weite, aber dennoch „gehütete" Welt der Quinte führt ein Weg bis hin zum innig durchwärmten, zentrierten Raum der Terz.

# Musikpädagogische Beobachtungen

Auf dem Hintergrund des bis hier Geschilderten lassen sich die nun folgenden Beobachtungen verstehen als Wegmarken einer auch beim Kind sich vollziehenden musikalisch-seelischen Entwicklung, die von außen nach innen führt. Dass die hier betrachteten Entwicklungsschritte dabei nicht einem strikten äußeren Kalender folgen, sondern individuell zeitlich streuen, ist selbstverständlich. Dennoch kann jeder, der über einen

längeren Zeitraum mit Kindergartengruppen oder Schulklassen musikpädagogisch gearbeitet hat, bei aufmerksamer Beobachtung die eingangs
erwähnten unterschiedlichen „Klimazonen" des musikalischen Erlebens
bestätigt finden (vgl. zum Folgenden auch Beilharz/Kumpf 2019, S. 65-
67).

## *Kleinkindalter*

Im ersten Lebensjahr wirkt die Stimme noch ganz unzentriert, sehr hell
und wie weit im Umkreis des Kindes angesiedelt. Im sogenannten Baby
Talk (Ammensprache) wird auch die Stimme der Mutter viel heller und
im Klang peripherer als im normalen Sprechen, kommt dem Singen nahe
und begegnet in dieser gewissermaßen „entrückten" Sphäre seelisch der
Welt des Kindes.

Auch bei den etwas älteren Kindern liegen Singen und Sagen noch
nahe beieinander. So begleiten noch 3- bis 4-jährige Kinder ihr eigenes
Spielen mitunter in zartem Sprechgesang, wobei die Stimme kaum leib-
gebunden erscheint.

## *Kindergartenalter*

Singen 5-jährige Kindergartenkinder alleine ein ihnen vertrautes Lied,
fällt auf, dass sie meist noch kein gefestigtes Verhältnis zum Phrasenbau
einer Liedmelodie haben. Im Übergang von einer Liedzeile zur nächsten
– manchmal sogar innerhalb eines Atembogens – machen sie häufig Ver-
längerungen oder Verkürzungen, die dem Erwachsenen spürbar gegen
sein Taktgefühl gehen. Auch entstehen innerhalb eines Liedes oft tonartliche Rückungen. – So ist beim gemeinsamen Singen einer Kindergar-
tengruppe eine gewisse Streuung in den Zeit- und Tonhöhenrelationen
nicht ungewöhnlich.

## *Beginnendes Schulalter*

In einer ersten Klasse ist das gemeinsame Singen schon deutlicher konsolidiert, aber im Rhythmusverlauf noch keineswegs von einem strin-
genten Taktempfinden her geregelt. Ein kleiner musikpsychologischer
Versuch kann dies bestätigen: Man lässt ein vertrautes Lied nach dem gemeinsamen Anstimmen der ersten Töne stumm, also nur innerlich und
mit geschlossenen Augen weiter „singen". Am Ende des Liedes sollen
die Kinder – immer noch mit geschlossenen Augen – ein Handzeichen

geben. Die Kinder erreichen den letzten Ton zu völlig unterschiedlichen Zeiten. Denn die Meisten verfügen in dieser Altersstufe noch über keine innerlich bewegte Tonvorstellung (dazu mehr im nächsten Abschnitt) und erst recht über keine innere Takt- oder Tempo-Uhr, mit deren Hilfe sie ein Tempo halten könnten. – Dieselbe Übung, mit Fünft- oder Sechstklässlern (oder auch mit Erwachsenen) durchgeführt, lässt alle Beteiligten nahezu gleichzeitig ans Ziel gelangen, weist also auf ein jetzt etabliertes, inneres musikalisches Maß hin.

## Ca. 9-jährige Kinder

Ungefähr im Übergang zur dritten Klassenstufe, also mit etwa 9 Jahren, lässt sich ein deutlicher Schritt auf dem Weg zunehmender Verinnerlichung des musikalischen Erlebens beobachten. Die Kinder können jetzt eine Liedmelodie, ohne äußeres Erklingen, innerlich folgerichtig in Bewegung halten. Auch im Klang der Singstimmen spiegelt sich diese erste „Innigkeit" wider. Dies ist beim einzelnen Kind nicht so leicht herauszuhören, wohl aber beim Singen einer ganzen Klassengemeinschaft: Eine dritte Klasse klingt beim Singen anders als eine erste Klasse. Die Stimmen sind jetzt etwas fülliger, der Gesamtklang wärmer.[12] Gleichzeitig erwacht ein Bedürfnis nach Zweistimmigkeit, nach einem Innenraum, der im Zusammenklang zweier Stimmen gebildet wird. Im freien improvisierenden Spiel, z. B. auf Leiern oder Metallophonen, treten jetzt mitunter ganze Terzenketten auf, noch ohne tonartliche Bindung und mit offenen Schlüssen. Auch im improvisierenden Flötenspiel entstehen in sich „stimmige" liedartige Melodien, meist aber noch ohne eindeutigen Grundtonbezug. So sind die Improvisationen der Drittklässler von kirchentonaler Vielfalt geprägt. Später dann, bei Fünftklässlern, ist eine Vorliebe für Dur unüberhörbar, danach erst erwacht die Liebe zum Moll.

## Ca. 11-jährige Kinder

Aus der Fähigkeit, eine Melodie innerlich zu „singen", erwächst nun zunehmend auch die Möglichkeit für „echtes" mehrstimmiges Singen, also in einem wirklich hörenden Bezug zur anderen Stimme. In diesem Sinne

---

12      Diese Verinnerlichung setzt sich bei den Heranwachsenden weiter fort. Seelische Entwicklungsschritte spiegeln sich im Stimmklang wider. Man wird dies leicht bestätigt finden, wenn man unter diesem klanglichen Gesichtspunkt dem Singen in verschiedenen Klassenstufen zuhört.

können Fünftklässler (ca. 11 Jahre) es zu einer wahren Meisterschaft im Umgang mit zweistimmig polyphonen Liedsätzen bringen.[13] Rhythmische Relationen können jetzt gut eingehalten werden, scheinen aber noch vorrangig vom Atem aus reguliert. Was damit gemeint ist, lässt sich nur schwer beschreiben. Das Singen erscheint sehr wohl metrisch – also im Verhältnis von Längen und Kürzen – geordnet, dabei strömt es wie flächig und unbeschwert dahin und setzt sich noch nicht im vollen Sinne mit der in der Taktbewegung sich manifestierenden Polarität von Schwere und Leichte auseinander.[14]

## Ca. 12-jährige und ältere Kinder

Später, ungefähr ab 12 Jahren, lässt sich beobachten, wie der Bereich des Taktes nun voll ergriffen wird, die Musik jetzt erst richtig „Füße" bekommt. Der Klang der Stimmen ist jetzt stärker geerdet und mehr physisch gebunden. Der Glanz, mit dem noch die Stimmen der 10- und 11-Jährigen im Umkreis mühelos erstrahlen, bricht weg. Gesungenes für eine Zuhörerschaft nach außen zu setzen, muss ab jetzt neu erübt werden. Gleichzeitig wächst das Bedürfnis, von Musik stärker berührt und im wörtlichen Sinne beeindruckt zu werden als bisher. Das Erleben von Kraft und Fülle scheint dabei eine neue Rolle zu spielen: Gut gewürzte, feurige rhythmische Übungen werden sehr geschätzt, funktionalharmonische Strebekräfte voll ausgekostet, die mit dem Erleben von Moll verbundenen seelischen Bezirke wollen „bedient" werden.[15] In dieser Entwicklungsphase verstärkt sich das Gefühl für den Grundton einer Melodie, so wie nun auch im Sozialen sich der eigene Standpunkt deutli-

---

13    Was in der Entwicklung des Kindes latent als Fähigkeit frei wird, bedarf allerdings der Übung um zu entsprechender Kompetenz zu führen. Andernfalls bleibt es brachliegen. Eine Beschreibung dieses Bereichs gibt Wolfgang Wünsch (1995, S. 53 f.).
14    Der erfahrene Musikpädagoge Wolfgang Wünsch schreibt zu diesem Phänomen: „Tatsächlich ist der Unterschied zwischen dem Singen im Takt und dem Singen im Atem äußerlich oft gering und dennoch ist die innere Bewegungsqualität eine ganz andere." (Wünsch 2004, S. 162). Vgl. zu dieser Unterscheidung auch Ronner (2004).
15    Ein Musiklehrer erzählte einmal Folgendes: Nach einer Unterrichtsstunde mit einer 7. Klasse kommen einige Schülerinnen zu ihm und fragen: *Können wir nicht mal wieder was Lustiges singen? – Ja, was schlagt ihr vor? –So wie „Die Moorsoldaten"!* – Kein Erwachsener würde auf die Idee kommen, dieses im KZ entstandene, tief ernste Lied mit „lustig" in Verbindung zu bringen. Doch bedeutet der Wunsch der Mädchen nichts anderes als: Wir wollen „die Lust erleben", auf so tiefe Weise musikalisch berührt zu werden, wie es gerade dieses Lied kann.

cher artikuliert.[16] Dem in der Zeit der Pubertät (ca. 12 bis 16 Jahre) noch weiter zunehmenden Expressionsbedürfnis entspricht ein wachsendes Impressions- oder Beeindruckungsbedürfnis.[17]

## *Entwicklungsdimensionen*

Die hier beschriebenen Beobachtungen zusammenfassend, kann man sagen: Die Entwicklung des musikalischen Erlebens beim Kind führt in zwei Richtungen: Einmal von „oben" (wie schwerelos schwebende Melodik) nach „unten" (Ergreifen von Grundton und Takt), etwas pathetischer formuliert: vom Himmel auf die Erde. Und gleichzeitig von „außen" (peripherer Stimmklang, Musik regt unmittelbar zu äußerer Bewegung an) nach „innen" (Stimmklang zentriert sich zunehmend, der Beziehungsraum zwischen verschiedenen Stimmen gewinnt an Wichtigkeit, Bewegung wird verinnerlicht, Musik korrespondiert mit einem zunehmenden seelischen Farbenreichtum).

Dieser allmähliche Verdichtungsprozess von außen nach innen und zu einem zunehmenden Gegründet-Sein im eigenen Erlebnisstandpunkt entspricht durchaus dem weiter oben skizzierten Gang durch die drei Intervall-Landschaften von Septime, Quinte und Terz, wobei der zum Moll neigende Bereich der kleinen Terz gegenüber dem Dur-Bereich der großen Terz noch einmal eine weitere Verinnerlichungsstufe darstellt.

---

16    Dass auch schon wesentlich früher ein Ton als Grundton einer Melodie erkannt werden kann, steht mit dieser Beobachtung nicht in Widerspruch.

17    Dieser „pubertäre Schub" lässt sich wesentlich einfacher beobachten als die vorhergehenden Entwicklungsschritte und ist jedem Musik- oder Instrumentallehrer gut vertraut.

# Musikpsychologie

*Musikalische Entwicklungsprozesse können sich auch in Bereichen abspielen, die sich der Erfassung durch Tests oder direkte Beobachtungen entziehen.*
Heiner Gembris: Grundlagen musikalischer Begabung und Entwicklung

# Vorbemerkung

In den vorhergehenden Kapiteln wurden Anregungen zur Selbsterfahrung musikalischer Qualitäten gegeben und es wurden biografische Zeugnisse und musikpädagogische Beobachtungen als Wegmarken eines Entwicklungsganges gezeigt. In einem nächsten Schritt soll nun untersucht werden, wie sich Forschungsergebnisse aus der Musikpsychologie auf diesem Hintergrund lesen lassen. Dazu werden eine Reihe von bis zu einem gewissen Grad erforschten Phänomenen in den Blick genommen: die singende Interaktion zwischen Müttern und Babys, das Singen im Kleinkindalter, Wandlungen des Hörens vom Kleinkindalter bis zum Ende des Grundschulalters (Entwicklung des harmonischen und grundtonbezogenen Hörens), Erleben von Rhythmus und Takt und schließlich die Frage der „Erlebnistiefe".

Eine grundsätzliche Schwierigkeit ist dabei zu bedenken: Die geschilderte Selbsterfahrung im Bereich der Intervallstudien, die einfühlsame, „lauschende" Beobachtung innerhalb einer lebendigen Situation (wie etwa im Musikunterricht), die biografischen Zeugnisse – sie alle sind Versuche, etwas nicht exakt Messbares und mit festen Begriffen und Gesetzen letztlich nicht Fassbares qualitativ zu charakterisieren. Demgegenüber wird in der Musikpsychologie vorrangig mit standardisierten Testverfahren gearbeitet, um zu messbaren Ergebnissen zu kommen. Führende Vertreter der Zunft sind sich der begrenzten Aussagekraft solcher Vorgehensweisen durchaus bewusst. So schreibt Heiner Gembris:

„Obwohl sich musikalische Entwicklungsprozesse oftmals an musikalischen Leistungen besonders gut beobachten lassen, können sie nicht allein auf diese reduziert werden. Musikalische Entwicklungsprozesse können sich auch in Bereichen abspielen, die sich der Erfassung durch Tests oder direkte Beobachtungen entziehen und auch nicht als Leistungsveränderungen beschreibbar sind, etwa Entwicklungsprozesse im Bereich des emotionalen Erlebens oder der musikalischen Erfahrung" (Gembris 2013, S. 49).

# Mütter und Kleinkinder

Den besonderen Charakter der stimmlichen Interaktion zwischen Mutter und Kleinkind haben wir bereits angesprochen.[18] Indem sich die Mutter unbewusst auf die noch weit offene und kaum zentrierte Seelenlage des Kindes im ersten Lebensjahr einstellt, manifestiert sich in ihrer Stimme und ihrem Habitus die eigene (quantitativ nicht erfassbare) seelische Weitung. So bildet sich zwischen Mutter und Kind ein im wahrsten Sinne des Wortes außer-gewöhnlicher Begegnungs- oder Resonanzraum, der, „gemessen" an unseren mit verschiedenen Intervallen gemachten Selbsterfahrungen, an den Stimmungsraum der Septime erinnert. Zu diesem Phänomen sind Ergebnisse der von einem Forscherteam um Sandra Trehub durchgeführten Untersuchungen bemerkenswert: Man hat Mütter aus ganz unterschiedlichen Kultur- und Sprachkreisen Wiegenlieder und Spiellieder singen lassen und diese dann anderen Müttern vorgespielt, die die betreffende Sprache nicht kannten. Dabei konnten die Zuhörer sehr gut unterscheiden, „ob eine Gesangsdarstellung für ein Kleinkind oder ein Vorschulkind gedacht oder ob es eine bloße Simulation [also gar kein Kind anwesend] war" (Trehub 2005, S. 37). Der für die Interaktion mit Kleinkindern spezifische musikalisch-seelische Begegnungsraum konnte also sehr wohl wahrgenommen werden. Und: Ganz offensichtlich waren die Mütter unfähig „ihre typische Gesangsweise für Kleinkinder in Abwesenheit ihrer Kinder zu produzieren" (ebd.).

# Kleinkindalter

Stefanie Stadler Elmer (2011) spricht im Hinblick auf das ab dem zweiten Lebensjahr zu beobachtende Singen von einem prä-konventionellen Stadium und charakterisiert: „Das Kind kann richtig mitsingen, indem es die Tonhöhen, die Silben und den zeitlichen Verlauf dem Singen einer anderen Person *anpasst* [Hervorhebung G.B.]" (ebd. S. 155). „Wenn es

---

18    Dieser Bereich ist umfangreich beschrieben worden, im deutschen Sprachraum etwa durch die Arbeiten des Ehepaars Papoušek (z.B. Papoušek & Papoušek 1997).

34

allein singt, lassen sich übernommene Lieder oder Liedteile erkennen" (ebd.). Dabei gibt es Abweichungen in „Details von Text, Melodie oder Zeitverlauf. Zum Beispiel werden Silben ausgelassen oder ersetzt, oder die Zeitstruktur und die Melodie werden vereinfacht" (ebd.). Das Ganze „entbehrt noch der Steuerung durch innere Vorstellungen" (ebd.). „Kinder wechseln oft fließend zwischen Sprech- und Singformen hin und her, vor allem während des Spielens" (ebd. S. 147).

# Entwicklung des harmonischen Hörens und des Erlebens der Tonalität

### *Vorbemerkung*

Hier handelt es sich um ein für die musikpsychologische Forschung nicht leicht zu erfassendes Feld. Ging man noch zu Beginn des 20. Jahrhunderts, gestützt vor allem auf Versuche mit „kakophonen" (nicht zur Tonart der Melodie passenden) Begleitungen, davon aus, dass harmonisches Hören sich erst beim 9- bis 10-jährigen Kind etabliert, so setzt man heute diese Fähigkeit früher, aber je nach Untersuchung zu unterschiedlichen Zeitpunkten an. Damit ergeben sich scheinbar widersprüchliche Ergebnisse. Bei deren Einordnung halten wir es mit Wilfried Gruhn (2011), der sich in seinen Forschungen intensiv mit der Entwicklung des Musikerlebens und des musikalischen Lernens auseinandergesetzt hat. Er zitiert Untersuchungen, denen zufolge „ein Verständnis für hierarchische harmonische Zusammenhänge bis zum siebten Lebensjahr noch eingeschränkt" (Gruhn 2011, S. 48) sei, um dann zu bemerken: „Dazu stehen Untersuchungen, die zeigen, dass bereits kleine Kinder konsonante von dissonanten Klängen hinsichtlich ihres Klanges unterscheiden können, nicht im Widerspruch, da die sensorische Unterscheidungsfähigkeit noch nichts über das harmonische Verständnis aussagt" (ebd. S. 49).

### *Erste Studie*

Wie sehr sensorische Unterscheidungsfähigkeit und musikalisches Erleben auseinanderklaffen können, dafür mögen Forschungsergebnisse von Sandra Trehub und ihrem Team stehen (Trehub et al. 1997): Eine kurze, einem simplen Tonika-Dominant-Muster folgende Melodie mit Varianten wird acht Monate alten Kindern und Erwachsenen vorgespielt. Dabei ändert sich jeweils nur ein einziger (in den Notenbeispielen hervorgehobener) Ton:

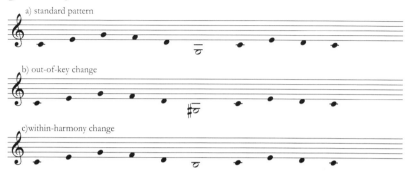

(Eine ebenfalls untersuchte vierte Melodievariante bleibt hier unberücksichtigt.)

Signifikantes Ergebnis: Die „harmonisch" erlebenden erwachsenen Hörer bemerken sehr wohl den Unterschied der die Tonart sprengenden Variante (b) gegenüber der Ausgangsmelodie (a), aber kaum den Unterschied zwischen der Ausgangsmelodie (a) und der funktionalharmonisch identischen Variante (c). Ob f'-d'-h⁰ oder f'-d'-g⁰ – in beiden Tonfolgen erlebt der Erwachsene unterschiedslos und unbewusst die dominantische Spannung zum Beginn der Melodie, die mit den C-Dur-Dreiklangstönen harmonisch die Tonika etabliert. Die „melodisch" hörenden Kleinkinder orientieren sich, ungeachtet der harmonischen Spannungsverhältnisse, ganz an der melodischen Kontur. Die Veränderung von „g" (sechster Ton der Melodie) zum tonartferneren „gis" scheint ihnen nicht auffälliger als der innerhalb der Dominantfunktion naheliegende Wechsel von „g" zu „h". Hingegen haben viele Erwachsene diesen Tausch von „g" zu „h" gar nicht bemerkt.

## Zweite Studie

Aufschlüsse darüber, dass sich das Verständnis für Tonalität, also für den Grundtonbezug einer Melodie, im Schulalter zunehmend entwickelt, gibt eine von Johanna Maier-Karius (2010, S. 317 ff.) mit Vor- und Grundschulkindern durchgeführte Untersuchung mit der sogenannten Probetonmethode. Dabei wird den Probanden eine eindeutig in C-Dur gehaltene Melodie 12mal mit variierenden Schlusstönen (alle chromatischen Töne zwischen c' und h') vorgespielt.

Die Schlussbildung soll innerhalb einer Ratingskala von 1 (passt überhaupt nicht) bis 5 (passt sehr gut) beurteilt werden.
Ausgewertet wurde getrennt nach drei Altersgruppen:
5- bis 6-Jährige Vorschulkinder
6- bis 7-Jährige Erstklässler
9- bis 10-Jährige Viertklässler
Vorschulkinder: Sie zeigten im Mittelwert kaum merkliche Präferenzen, auch nicht für den zu erwartenden Ton c'. Ihre gemittelten Ratingurteile blieben für jeden der 12 Töne im Bereich des Wertes 3 (auf der Skala von 1 bis 5), was sich als nahezu völlige Indifferenz gegenüber der Tonalität der gegebenen Melodie interpretieren lässt.[19]

Erstklässler: Sie bevorzugten den Ton c' und unterschieden schon stärker zwischen diatonischen (leitereigenen) und chromatischen Schlusstönen.

Viertklässler: Erwartungsgemäß waren sie in ihren Urteilen noch dezidierter. Ihre Bewertungen unterschieden sich nur noch geringfügig von den Urteilen einer zum Vergleich herangezogenen Expertengruppe.

Die Fähigkeit, den tonalen Bezug einer in eindeutigem Dur gehaltenen Melodie zu erkennen, scheint also mit 10 Jahren weitgehend etabliert. Noch einmal sei aber dazu angemerkt: Die leicht messbare Ebene der Unterscheidungsfähigkeit ist nicht gleichzusetzen mit der letztlich nur qualitativ beschreibbaren Schicht des musikalischen Erlebens.

---

19    Heiner Gembris bringt, in Bezugnahme auf eine 1969 veröffentlichte Studie, denselben Sachverhalt lapidar auf den Punkt: „Vor dem 6. Lebensjahr […] halten Kinder eine Melodie dann für vollendet, wenn sie nicht mehr weitergespielt bzw. gesungen wird, gleichgültig, auf welcher Tonstufe sie gerade endet" (Gembris 1987, S. 141).

# Entwicklung des Rhythmuserlebens

„Die empirische Forschungslage ist bisher als unbefriedigend zu bezeichnen" (Bruhn 2005, S. 114). Diese pessimistische Einschätzung eines renommierten Musikpsychologen wirft ein Licht darauf, wie schwer das Erleben von Rhythmus zu fassen ist. Obwohl also viele Fragen ungeklärt sind, lassen sich aus den vorliegenden Forschungen immerhin Trends erkennen, die mit der Entwicklung des harmonischen Hörens durchaus in Korrespondenz gesehen werden können.

Im Zusammenhang mit dem Erleben von Rhythmus wird von der Entwicklung und Stabilisierung des Metrumkonzepts gesprochen. Der Begriff „Metrum" steht in neueren Publikationen für „Takt", „Metrumkonzept" demnach für „Taktempfinden". Bruhn definiert: „Gliedert sich der Puls in schwere und leichte auditive Objekte, so entsteht ein Metrum" (ebd., S. 89). Der Gebrauch des Begriffes scheint allerdings nicht scharf abgegrenzt und wird überall dort verwendet, wo Zeitrelationen in einem musikalischen Prozess eingehalten werden. Die weiter oben geschilderten unterschiedlichen Bewegungsqualitäten (Atem versus Takt) werden dadurch qualitativ nicht erfasst. So schreibt Gembris:

„Während in früheren Untersuchungen festgestellt wurde, dass das Metrumkonzept sich erst ab etwa sieben Jahren zu entwickeln beginnt und sich mit ungefähr neun Jahren stabilisiert (s. Gembris 1987, S. 143 f.), zeigen jüngere Studien, dass die Fähigkeit zum Einhalten eines Metrums bereits deutlich früher zu beobachten ist" (Gembris 2013, S. 279). Einigkeit scheint immerhin darüber zu bestehen, dass Kinder bis wenigstens zum Erreichen des 6. Lebensjahres über kein Metrumkonzept (Taktempfinden) verfügen.

„Unterhalb des sechsten Lebensjahres werden Dauern selten exakt wiedergegeben. Schwierigkeiten bereitet das Metrum. Ähnlich wie Kinder während des Singens ‚modulieren', wechseln sie auch den Takt. […] Die unerfüllte Zeit einer Pause wird noch nicht metrisch eingebunden erlebt. Pausen werden nicht eingehalten, sondern führen zu einem Taktwechsel" (de la Motte-Haber 1996, S. 382).

Für unsere Fragestellung aufschlussreich ist auch eine von Gembris

(2013, S. 279 f.) referierte Studie: Kindern im Alter zwischen 5 und 10 Jahren wurde eine Melodie in zwei rhythmischen Versionen vorgespielt, einmal konventionell metrisch gebunden, das andere Mal gänzlich ametrisch. Bei den Fünfjährigen waren beide Versionen nahezu gleichermaßen beliebt, sie schienen also weitgehend indifferent gegenüber der Anwesenheit bzw. Abwesenheit von Metrum oder Takt. Mit zunehmendem Alter wurde die metrisch gebundene Version immer deutlicher bevorzugt. Dieser Verlauf deckt sich mit der weiter oben beschriebenen Entwicklung des Tonalitätsgefühls.

Auffallend ist, dass alle erwähnten Studien zur Entwicklung musikalischer Fähigkeiten sich auf das Vorschul- und Grundschulalter beschränken. Aussagekräftige Untersuchungen für die weitere Entwicklung bis hinein ins Jugendalter konnte ich nicht finden.

# Die Erlebnistiefe

Eine Ausnahme und gleichzeitig ein für unsere Fragestellung besonders wertvolles Fundstück ist eine 1927 – also bereits vor etwa 90 Jahren! – veröffentlichte und innerhalb der Musikpsychologie kaum beachtete, umfangreiche Studie mit dem Titel „Das musikalische Erlebnis und seine Entwicklung" (Walker 1927).[20] In Richtung einer pädagogischen Psychologie untersucht Walker die „Entwicklung des musikalisch-ästhetischen Erlebens" (ebd. S. 1) bei 6- bis 15-jährigen Schülern. Walker beschreibt unterschiedliche Versuchsreihen, die in Einzelsitzungen mit insgesamt 380 Schülern der Klassen 1 bis 8 durchgeführt wurden. Methode: Der Versuchsleiter spielt auf der Geige zwei verschiedene, kurze Melodien mehrmals vor und fordert die Versuchsperson auf: „Du erzählst mir nachher, was du beim Hören gespürt hast" (ebd. S. 39). Und Walker fährt fort: „Die Kinder waren häufig mit ihren Antworten spontan bei der Hand, manche erzählten in übersprudelnder Freude, andere etwas zager, je nach Temperament und Erlebnistiefe" (ebd. S. 39). Die Verschriftlichung erfolgt durch den Versuchsleiter.[21]

---

20     Kritisch erwähnt bei Gembris (2013, S. 330 f.).
21     Ein aus heutiger Sicht methodisch anfechtbares Setting. Gleichwohl ermöglicht es wertvolle Einblicke in das musikalische Erleben der Kinder.

In einer dieser Reihen werden das Thema des Trauermarsches aus Beethovens 3. Symphonie und ein in Dur sich leicht und rasch bewegendes Kinderlied (*Der Siebensprung*) gespielt. Dass die Achtklässler den Trauermarsch bevorzugen, die Erstklässler hingegen den *Siebensprung*, ist nicht verwunderlich. Was sich darüber hinaus aber in den meist assoziativen Äußerungen der Schüler deutlich ausspricht, ist die innerhalb der untersuchten Altersspanne zunehmende Vertiefung oder Verinnerlichung des musikalischen Erlebens. Dazu Walker: „Bemerkenswert erscheint mir bei vielen Äußerungen die sprachliche Formulierung, die einen Rückschluss auf die Tiefe des Erlebens zulässt" (ebd. S. 42). Wir greifen dazu einige auf den Trauermarsch bezogene Beispiele von Schülern verschiedener Klassenstufen heraus (ebd. S. 40 ff.):

Klasse 1: „Es ist laut, es ist nicht arg hoch." – Wenige Kinder kommen zu einem anfänglichen, noch ganz an der Oberfläche bleibenden Stimmungsurteil, etwa: „Es ist nicht lustig."

Klasse 3: „Wie wenn man scheidet, man geht fort und kommt nicht mehr." – „Wie bei Nacht, wenn man durch die Straßen läuft."

Klasse 5: „Ein Soldat ist gestorben, und sie lassen den Sarg hinunter."

Klasse 6: „Wie wenn man in die Fremde muss." – „Es ist so ergreifend und rührt einen."

Klasse 8: „Es könnte beim Begräbnis gespielt werden, so schwermütig. Oder wenn man in die Schlacht zieht. Sie sind auf das Sterben gefasst." – „Man sitzt vor einem Sägwerk und vergleicht das Leben." – „Sie [die Melodie] geht ans Herz."

Zwei weitere Äußerungen weisen darauf hin, mit welcher bis in die körperliche Wahrnehmung gehenden Intensität ab Beginn der Pubertät Moll gegenüber Dur jetzt als die tiefer berührende Schicht erlebt wird: „Dur zieht mehr an einem vorbei" (Mädchen, 6. Klasse) – „Es [gemeint ist Moll] fährt besser in mich hinein." (Mädchen, 7. Klasse)

# Zusammenfassung

Die knapp skizzierte Darstellung verschiedener musikpsychologischer Forschungsergebnisse bestätigt in wesentlichen Zügen die schon im vorhergehenden Kapitel beschriebenen Entwicklungsdimensionen des musikalischen Erlebens. Zwar lässt der Forschungsstand manche Fragen offen: So gilt etwa, wie bereits erwähnt (siehe S. 38), die Entwicklung des Rhythmuserlebens als nicht ausreichend erforscht. Auch fehlen explizite Untersuchungen zur Entwicklung des Stimmklangs als Spiegel der Erlebnistiefe. Und es mangelt vor allem an qualitativen Studien, die Entwicklungsschritte über das 10., 11. Lebensjahr hinaus bis in das Jugendalter untersuchen. Trotz solcher Lücken entsteht aber für den Gang vom Kleinkindalter bis zum Ende des Grundschulalters das Bild einer allmählichen Verinnerlichung (harmonisches Hören, Metrumkonzept). Außerdem richtet sich das musikalische Erleben im Erfassen der Tonalität (Grundtonempfinden) und des Taktakzents zunehmend auch vertikal aus (Spannung – Lösung, leichte und schwere Taktzeiten).

Dass die von der Psychologie her beschreibbaren Entwicklungen auch mit physiologischen und physischen Veränderungsprozessen einhergehen, kann aus der pädagogischen Beobachtung heraus geschlossen werden. Allerdings sind solche Zusammenhänge, auf die hier nicht näher eingegangen werden soll, bislang wenig erforscht.[22]

---

22    Ansätze in Richtung einer „pädagogischen Anthropologie des Leibes" gibt es z. B. bei Rittelmeyer (2002) und bei Kranich (2003).

# Eine altersgemäße Musikpädagogik?

*Erziehungskunst bedeutet, die Entwicklung der Kinder zu erfassen und durch entsprechende Literatur und Übungen Resonanz erleben zu lassen. Daran erziehen sie sich selbst.*

Reinhild Brass: Die Welt der Quintenstimmung

In dem bis zu dieser Stelle gegebenen, von ganz verschiedenen Seiten ausgehenden Überblick wird sichtbar, wie das Kind in seinem Entwicklungsgang bis in das Pubertätsalter hinein verschiedene musikalische Landschaften erlebend durchwandert, die allerdings nicht immer scharf voneinander abgegrenzt sind. Ebenfalls wurde deutlich, wie im eigenen übenden Umgang mit den Stimmungsräumen von Septime, Quinte und Terz der Erwachsene deren qualitative Unterschiedlichkeit – wir sprachen auch von Klimazonen – deutlich erfahren kann. Hält man nun alle musikpädagogischen und musikpsychologischen Beobachtungen mit dieser Selbsterfahrung zusammen, kann man ein vertieftes Verständnis für die Kinder und Jugendlichen in den verschiedenen Lebensaltern erlangen, für ihr Gestimmt-Sein, für ihre Bedürfnisse auch im Musikalischen.

Gerade im Bereich der Musik ist die Gefahr groß, diese Bedürfnisse überhaupt nicht zu erkennen. Es würde wohl kein halbwegs vernünftiger Mensch im Kindergarten Flauberts *Madame Bovary* vorlesen oder mit Erstklässlern Kafkas *Prozess* behandeln. Bei der Musik aber, die uns in einer so träumerischen Weise berührt und in der wir selbst weitgehend unbewusst leben, ist es äußerst schwierig, sich über ihre Qualitäten und Wirkungen kritisch Rechenschaft zu geben. „Ton dringt ein, ohne Abstand."[23] Wir sind, auch als Erwachsene, dem musikalischen Ertönen zunächst einmal ausgeliefert, werden förmlich von ihm eingenommen. Erst durch eine willentliche Erhöhung unseres Bewusstseinszustands können wir uns dem musikalischen Eindruck gegenüberstellen und zu einer Beurteilung kommen. Aus diesem Grund fällen die meisten Menschen der Musik gegenüber allenfalls Gefühlsurteile: Gefällt mir! Gefällt mir nicht! Für eine verantwortungsvolle pädagogische Tätigkeit ist dies aber nicht ausreichend. Wer verstehen will, was er mit Kindern musikalisch tut, braucht einiges an Wissen. Viel mehr noch braucht er aber eine vertiefte eigene musikalische Erfahrung und die Fähigkeit, sich von der eigenen musikalischen „Befindlichkeit" Rechenschaft zu geben und

---

23 Mit dieser lapidaren und zugleich radikalen Formulierung hat Helmuth Plessner den Sachverhalt in seiner *Anthropologie der Sinne* (Plessner 1980, S. 344) auf den Punkt gebracht.

bewusst von ihr Abstand nehmen zu können. Das kann ihn in die Lage versetzen, sich in die Kinder einzufühlen und aus dieser differenzierten Wahrnehmung heraus musikalische Prozesse zu gestalten.

In diesem Sinne sind alle in dieser kleinen Schrift versammelten Bausteine letztlich nur Rohmaterial, das sich nicht allein durch Lektüre erschließen lässt.

# Kinderlied

*Ein Farbenbogen steht gespannt,*
*wie schön er leuchtet übers Land!*
Julius Knierim: Quintenlieder

# Vorab

Eine der am häufigsten praktizierten musikalischen Tätigkeiten in der Pädagogik des Vorschul- und des beginnenden Grundschulalters ist das gemeinsame Singen, und zwar in der Regel das Singen von Liedern. Die gibt es in unüberschaubarer Fülle und Vielfalt: Volkslieder – traditionelle Kinderlieder – für Kinder komponierte, vorwiegend neuere Kinderlieder – und auch ursprünglich für Erwachsene geschriebene Lieder.

Spätestens seit Hoffmann von Fallersleben[24] (1798 – 1874) und Friedrich Fröbel[25] (1782 – 1852) können wir von einer pädagogisch gezielten Produktion von Kinderliedern in größerem Umfang sprechen. Seither, bis in die Gegenwart, wurden und werden zahllose Lieder für Kinder geschrieben und damit in bunter, modischer Folge auch unterschiedlichste Erziehungsabsichten transportiert: vaterländische, religiöse, moralisierende, revolutionäre, antiautoritäre, umweltschützerische, bespaßende.[26] Die neueste Farbe in dieser Palette ist durch die in jüngster Zeit entstandenen, speziell unter stimmpädagogischen Gesichtspunkten komponierten Lieder hinzugekommen.[27]

Aus dieser riesigen Fülle möchte ich lediglich zwei Bereiche herausnehmen: Zunächst werde ich das traditionelle Kinderlied mit seinen im deutschen Sprachraum allgemein verbreiteten melodischen Formeln von verschiedenen Blickwinkeln aus betrachten und sie mit unseren bisherigen Beobachtungen in Beziehung setzen. Dem folgt eine kurze Gegenüberstellung der Begriffe Pentatonik und Quintenstimmung. Im Anschluss geht es um die wichtige Frage, wie ich als Erwachsener (Erzieher*in,

---

24    Seine Texte, wie z.B. *Alle Vögel sind schon da; Der Kuckuck und der Esel; Summ, summ, summ; Winter ade!* und viele andere, wurden von Komponisten seiner Zeit vertont oder sie wurden vorhandenen Volksliedmelodien unterlegt. Eine erste Sammlung wurde 1843 veröffentlicht.

25    Begründer des Kindergartens (1840) und Autor zahlreicher Kinderlieder (z.B. *Häschen in der Grube*), die er unter dem Titel *Mutter- und Koselieder* 1844 veröffentlicht hat.

26    Dazu existieren mancherlei Untersuchungen, vor allem in historischer und soziologischer Perspektive, z. B. (mit zahlreichen Literaturhinweisen) Fredrik Vahle: *Kinderlied* (1992).

27    Vgl. dazu etwa die sehr verdienstvollen Arbeiten von Andreas Mohr: www.kinderstimmbildung.de

Lehrer*in) im eigenen Üben auch musikalisch einen Zugang zu dem Stimmungsraum der Kinder finden kann. Wesentliche Grundlagen zur Beantwortung dieser Frage sind von Julius Knierim (1919 – 1999) erarbeitet worden, der hierbei ausführlich zu Wort kommt. Danach gehe ich anhand charakteristischer Liedbeispiele auf Komponist*innen ein, deren Arbeit durch Rudolf Steiners Ausführungen angeregt war bzw. ist. Dabei wird ein historischer Weg beschritten, der von wichtigen Vertreter*innen aus der Pionierzeit der Waldorfschulen und der anthroposophischen Heilpädagogik bis in die Gegenwart führt. Zentrales Anliegen dabei ist jedoch nicht eine Geschichtsschreibung, sondern das immer wieder neue Beleuchten der grundlegenden Fragen:

Was ist die Stimmung der Kinder? Wie kann sich der Erwachsene in sie einstimmen? Wie „begegnet" ein Lied dieser Grundstimmung der Kinder? Was am Lied ist alters- oder kindgemäß? Worin äußert sich die ästhetische Qualität eines Liedes? Inwiefern wird die Größe des Kind-Seins, seine Würde, ernst genommen?

## Traditionelles Kinderlied

Um das Jahr 1800 erwachte das gelehrte Interesse am Kinderlied. Ein erster Meilenstein war die bis heute unvergessene Sammlung *Des Knaben Wunderhorn* (Arnim/Brentano 1806 bis 1808), die einen Anhang mit Kinderliedern enthält. Damit war der Auftakt zu einer regen Sammeltätigkeit gegeben, die eine Fülle von traditionellem Liedgut erschlossen und bewahrt hat. Betrachtet man nun neuere, ab der zweiten Hälfte des 20. Jahrhunderts geschriebene Abhandlungen über das Kinderlied, so fällt auf, dass sie oft nur von historisch-volkskundlichem oder soziologischem Interesse sind und nur selten entwicklungspsychologische Fragestellungen einbeziehen. Die wenigen Versuche, zu einer Wesensbestimmung des Kinderliedes zu gelangen, beschränken sich außerdem fast immer auf eine Untersuchung des Textinhaltes, eventuell noch unter Einbeziehung der metrischen Form. Die musikalischen Verhältnisse scheinen nur selten einer Betrachtung wert.[28]

---

28    So geht z.B. der Artikel *Kinderlied* in dem von führenden Vertretern des Deutschen Volkliedarchivs 1973/1975 herausgegebenen *Handbuch des Volksliedes*

Welche charakteristischen Eigenschaften das traditionelle Kinderlied ausmachen, soll hier am Beispiel des durch Generationen hindurch verbreiteten *Adam hatte sieben Söhne* gezeigt werden.

A - dam hat - te sie - ben Söh - ne, sie - ben Söhn' hatt' A - dam. Sie

a - ßen nicht, sie tran - ken nicht, sie mach - ten al - le so wie ich:

Mit den Fin - ger - chen tip, tip, tip, mit dem Köpf - chen nick, nick, nick,

mit den Füß - chen trab, trab, trab, mit den Händ - chen klapp, klapp, klapp.

Kohl - rü - ber - chen, Kohl - rü - ber - chen, das sind die

be - sten Pflan - zen, und wenn mein Va - ter

Hoch - zeit hält, dann fan - gen wir an zu tan -

*Aus: F. Hoerburger und H. Segler: Klare, klare Seide*

Das Lied enthält keine Entwicklung, schon gar keine individuelle, wie etwa in der Ballade; es wirkt unabgeschlossen und kann beliebig oft wiederholt werden. Inhaltlich reiht es teilweise disparate Motive aneinander: Adams Söhne, Körperteile, Pflanzen, Hochzeitstanz.

---

(Brednich et al.) mit keiner Zeile auf musikalische Formen ein. Doch gibt es auch hervorragende Gegenbeispiele, die auf ein umfassendes Verständnis des Kinderliedes zielen. Genannt sei besonders Ruth Lorbe: *Die Welt des Kinderliedes.*

Den vierhebigen, nur teilweise sich reimenden Verszeilen entsprechen vom Sprachrhythmus gezeugte, zweitaktige musikalische Motive in „gerader" (2/4) Bewegung.[29] Zwei Motive lassen sich unterscheiden:

Im ersten Motiv ist unschwer die alte dreitönige Kinderliedformel

Ba - cke, ba - cke, Ku - chen

zu erkennen; f und c treten nur unbetont als Füll- oder Auftakttöne auf. Die musikalischen Motive erscheinen in ihrer Formelhaftigkeit weitgehend austauschbar und können bekanntlich völlig beliebigen Liedtexten folgen.

Angesichts dieses Sachverhalts möchte man die Bemerkung des großen Liedersammlers Franz Magnus Böhme unterschreiben: „Der wahre Kindergesang ist im Ton und Takt höchst einfach … [Er] kennt eigentlich nur eine einzige Melodie. Diese geht aus Dur, hat zwei Zweivierteltakt und ist die beständige Wiederholung eines Motivs von 2 Takten." (Böhme 1897/1967, S. LIV).

Ist aber unsere Melodie wirklich schon Dur? Steht sie nicht vielmehr noch in einem neutralen Bereich vor Dur und Moll? Zwar mag man vom Hörstandpunkt des Erwachsenen aus einen Grundton c konstatieren, doch wie schwach und zart wirkt er, insgesamt nur viermal und jeweils an der unbetontesten Stelle auftretend. Keine Schlusskraft kommt ihm zu, kein Leitton setzt ihn voll in seine Rechte ein. Wäre es dem melodischen

---

29    Die weltweite Verbreitung dieses Kinderliedschemas hat der Musikethnologe Constantin Brailoiu (1973) aufgezeigt. Leider geht er nicht auf entwicklungspsychologische Fragestellungen ein und macht keinerlei Altersangaben.

Geschehen nicht angemessener, es als am Ton g aufgehängt zu empfinden, ohne tragenden Grundton?[30]

In der offenen Schwebe der Melodie wird ein tönendes Abbild der schon erwähnten kindlichen Seelenhaltung erlebbar. Der Grundton als eigener Standpunkt ist noch nicht ergriffen.

Auch der Text mit seiner unverbindlich-sprunghaften Motivreihung entbehrt noch jener Grundständigkeit, aus deren Perspektive die Welt exakt und gegen-ständlich sich abzeichnet. Hier ist die Welt noch stets wandelbar, indem sie von Phantasiekräften durchdrungen wird.

Ganz in diesem Sinne dichtet ein sechsjähriger Junge:

*Wenn die Schweinchen an den Bäumen wachsen,*
*Dann wird es Frühling.*
*Und die Kühe und die Menschen*
*Wachsen auch auf den Bäumen.*
*Erst sind es Knospen*
*Und dann Schweinchen und Kühe und Menschen.*[31]

Treffend kommentiert James Krüss:

„Ohne Zweifel ist das Gedicht kindlich, ohne Zweifel ist es nicht schlecht, und ohne Zweifel ist seine Unlogik legitim innerhalb jener heilen, kräftigen Welt, in der Frühling und Geburt, Knospe, Ferkel, Kalb und Säugling auf die natürlichste Weise einander gleichgesetzt sind und in der der Mensch hinter Schweinchen und Kühen rangiert. Der Erwachsene tritt bei der Lektüre dieses Sechszeilers mit Wehmut, Staunen und Rührung ins Paradies ein" (Krüss 1959, S. 283).

---

30    Diese ganz vom musikalischen Erleben ausgehende Feststellung wird auch durch neuere musikethnologische Arbeiten bestätigt. So schreibt Wolfgang Suppan, der „Kinderlied-Terno" (allgemein vertraut als „Backe-backe-Kuchen-Formel") sei „nicht mit den Maßstäben unserer Dur-Moll-Tonalität zu messen" (Suppan 2000, S. 465). „Das Erkennen der im Hintergrund wirkenden Gestaltkräfte [... habe] unvoreingenommen von Dur-Moll, Kirchentonarten und bisher bekannten pentatonischen Reihen zu erfolgen" (S. 468). Es gehe „das melodische Geschehen vom Rezitationston [„g" in unserem Liedbeispiel] und dem Terzfall aus" (467). Es würden „die Töne gleichsam auf [sic! Soll wohl heißen: an] dem Rezitationston hängen" (S. 472). Und Walter Wiora (1957) spricht im Hinblick auf unserem Liedbeispiel vergleichbare zwei- bis viertönige Melodiestrukturen von einem Bereich, der weit älter als die Pentatonik sei.

31    Zitiert nach Krüss (1959, S. 283).

Zu ganz ähnlichen Schlüssen gelangt Ruth Lorbe aufgrund der Analyse zahlreicher Kinderliedtexte:

„Alles, was dem Kind begegnet, muss den Umformungsprozess mitmachen, um der kindlichen Anschauungswelt zu genügen. [. . .] Bedenkenlos fügt das Kind Aufgenommenes und Umgeformtes ohne Verbindung aneinander, wenn es im rhythmischen Gefüge unterzubringen ist. […] Indem so die Dinge der Außenwelt spielerisch mit hereingenommen werden, erhalten sie ebenso spielerisch ihre Umformung in dieser ureigensten Sphäre des Kindes. Was sich demnach in den Kinderliedern und Kinderspielen abspiegelt, ist beides: kindliche Phantasie und Stoff der Außenwelt. Aber beide erscheinen nicht mehr getrennt, sondern die Außenwelt ist von dem kindlichen Gestaltungsvermögen so durchdrungen, und dieses hat ihr, je nach dem Grad der Einwirkung, damit einen so neuen Charakter verliehen, dass nicht nur das ursprüngliche Bild der Erwachsenenwelt sich ganz verwischt hat, sondern dass auch die Grenzen zwischen den beiden Bereichen nicht mehr zu ziehen sind" (Lorbe 1971, S. 143 f.).

In der Sprache seiner Zeit wird derselbe Sachverhalt schon von Franz Magnus Böhme beschrieben, wenn er über Kinderpoesie spricht und dabei unterstreicht, er meine Poesie von Kindern für Kinder:

„Wer sie [die Kinderpoesie] erfassen und verstehen will, muss sich in die Anschauungs- und Sinnesweise eines Kindes versetzen. Das Kind wird in seinem Sinnen und Denken von der Phantasie beherrscht. Seine Phantasie, überaus beweglich und durch keine Erfahrung gehemmt, durch keine Belehrung in ihrem Fluge gestört, belebt Alles, vereinigt das Unvereinbare, erklärt das Unerklärbarste, verklärt das Alltägliche. […] Unbekümmert ob möglich oder unmöglich, baut es in seiner Phantasie eine zauberhafte Wunderwelt sich auf" (Böhme 1897, VI f.).

Ein anderes in vielen traditionellen Kinderliedern beobachtbares Phänomen wird von der Kulturgeschichte her erhellt. In ihrem äußerst anregenden Buch *Frühformen des Erkennens* gibt die Ägyptologin Emma Brunner-Traut folgende Beschreibung: „Keine Gestalt wird entwickelt, Szenen sind nicht differenziert vor Augen gestellt, Gemütsregungen nicht entfaltet und Handlungen nicht in irgendwelchen Verflechtungen korrelativ verfolgt" (Brunner-Traut 1990, S. 148). Die Rede ist vom altägyptischen Märchen. Doch trifft diese Charakterisierung ohne Abstriche auf das neuzeitliche Kinderlied zu. Überhaupt zeigt E. Brunner-Traut in den verschiedensten Lebensbereichen eine Fülle von Parallelen zwischen modernem kindlichen Bewusstsein und der Bewusstseinshaltung des alten Ägypters auf, z. B. anhand von Texten, in denen „der Körper als Addition von Teilen gesehen ist und nicht als ein Organismus mit allseitig voneinander abhängigen Gliedern" (ebd. S. 75).

In unserem oben erwähnten Liedbeispiel entspricht dem die Stelle: „Mit den Fingerchen tip, tip, tip – mit dem Köpfchen … – mit den Füßchen … – mit den Händchen …"

Oder im folgenden Kinderlied (ich gebe hier nur den Text), wo es vom lustigen Springer heißt: „schüttelt mit dem Kopf, rüttelt mit dem Rock, stampft mit dem Fuß."

*Muss wandern, muss wandern,*
*wohl hin auf diesen grünen Platz,*
*kommt ein lustiger Springer herein*
*schüttelt mit dem Kopf,*
*rüttelt mit dem Rock,*
*stampft mit dem Fuß.*
*Kommt, wir wollen tanzen gehn,*
*tanzen gehen,*
*die andern müssen stille stehn.*

Diese Parallelen, zu denen auch der Entwicklungsstand der Sprache gehört (vgl. dazu Brunner-Traut 1974, S. 61-81), sollen hier nicht weiter ausgeführt werden. Zusammen mit den vorangegangenen Schilderungen erhellen sie, warum Steiner in seinen eingangs erwähnten Tonerlebnis-Vorträgen mit den Termini „Quintenerleben" und „leben in Quintenstimmungen" sowohl das jüngere Kind (bis zum ca. 9. Lebensjahr) als auch die mit dem Aufkommen der alten Hochkulturen (ca. 3000 v. Chr.) einhergehende menschheitsgeschichtliche Bewusstseinsstufe charakterisieren konnte.[32]

---

32     Tonerlebnis-Vortrag 7. März 1923, GA 283 bzw. GA 278. – Steiner geht in seiner ziemlich aphoristischen bewusstseinsgeschichtlichen Skizze zunächst noch weiter zurück, bis zur Kulturstufe der Jäger und Sammler. Er charakterisiert diese Zeit mit dem Erleben der Septime, einem Sich-entrückt-Fühlen „aus der Erdengebundenheit heraus". Entsprechende Phänomene sind in der Ethnologie noch bis in die jüngere Vergangenheit beschrieben worden, wie etwa Schamanismus (z. B. Ostsibirien) und Hellsichtigkeit (z.

# Pentatonik – Quintenstimmung.
## Eine notwendige Klärung

Die Begriffe Pentatonik und Quintenstimmung werden auch in waldorf-pädagogischen Kreisen mitunter so benutzt, als wären sie gleichbedeutend. Genauer wäre es zu sagen, dass Lieder in Quintenstimmung sehr häufig pentatonisch komponiert sind, weil die Pentatonik sich besonders gut eignet, um in den angestrebten Stimmungsraum zu kommen. Pentatonik lässt sich rein quantitativ beschreiben als melodische Bewegung in einer fünfstufigen Skala ohne Halbtonschritte. Quintenstimmung hingegen kann nur qualitativ charakterisiert werden. Dieser Unterschied soll zunächst noch genauer verdeutlicht werden.

*Pentatonik*

Der weitaus größte Teil der europäischen Musik basiert auf 7-tönigen Skalen (Heptatonik), uns am besten vertraut in der Gestalt von Dur oder Moll. Auch die im Mittelalter und der Renaissance vorherrschenden Kirchentonarten sind heptatonisch. Vielen alten Volksliedern und oft auch neueren Kinderliedern liegen dagegen pentatonische (5-tönige) Skalen zugrunde. Geht man historisch noch weiter zurück, begegnen uns auch

---

B. Aborigines in Australien, Buschmann-Kultur im südlichen Afrika). Auch die weiter oben (S. 23) beschriebene „Reise" in die Landschaft der Septime oder die „entgrenzte" Kommunikation zwischen Mutter und Säugling (S. 26) weisen in diese Richtung. Steiner beschreibt dann weiter, wie dieses „septimisch" entrückte Erleben allmählich abgelöst wurde von dem immer noch „mit einem Grad von Entrücktheit durchdrungenen" Quintenerleben (vgl. dazu die auf S. 24 geschilderte zweite „Reise" in die Landschaft der Quinte). Geschichtlich befinden wir uns damit in der Zeit der alten Hochkulturen. Die Menschheit ist gewissermaßen auf dem Weg zu sich selbst, aber noch immer „aus sich herausgehoben". Erst ab der Zeit der griechischen Antike geschieht eine weitere Verinnerlichung und damit eine immer deutlicher werdende Grenze zwischen Ich und Welt. Logisches Denken, Philosophie, Naturwissenschaft und Technik geben Zeugnis von dieser fortlaufenden Entwicklung, die sich auch in der Musikgeschichte, etwa mit dem Einzug der Terz, widerspiegelt. – Weitere Gesichtspunkte zu den hier angedeuteten Zusammenhängen findet man im Werk von Jean Gebser (1986) und in den Arbeiten verschiedener anthroposophischer Autoren, z. B. Pfrogner (1976), Ruland (1981, 1987), Riehm (2007), Greiner (2019).

verschiedene drei- und viertönige Formen (Tritonik und Tetratonik), auf die hier jedoch nicht näher eingegangen wird.

Pentatonische Skalen treten weltweit in unterschiedlichen Strukturen auf, z. B. in der traditionellen japanischen Musik auch mit Halbtonschritten, wie etwa im bekannten Lied „Sakura". In der europäischen Musik hingegen sind pentatonische Skalen halbtonlos und damit von vornherein weniger „innig" als etwa die mit zwei Halbtonschritten versehenen 7-tönigen Dur- und Moll-Leitern.

In der Musiklehre wird für diese aus der europäischen Musiktradition vertrauten pentatonischen Skalen – ähnlich wie schon bei Böhme – der tiefste Ton als Grundton aufgefasst. Die ganze Skala wird damit als auf diesem Ton „stehend" gedeutet. Dies kann durchaus zutreffen, ist jedoch längst nicht immer der Fall.[33]

Bei einem Lied mit den Tönen c d e g a spricht man, dieser Auffassung folgend, von C-Pentatonik. Wie alle Skalen, kann diese Tonfolge auf jeden beliebigen Ausgangston transponiert werden, z. B. als sogenannte G-Pentatonik.

Vor allem im iro-schottischen Sprachraum haben sich viele pentatonische Volkslieder bis heute erhalten. Häufig tendieren sie, mehr oder weniger ausgeprägt, zu einem Grundton g[34], d. h. sie gehen in Richtung Dur, wie etwa das bekannte schottische Abschiedslied:

Oft gibt es aber auch eine Hinneigung zu einem Grundton e und damit einhergehend eine Tendenz Richtung Moll, wie z. B. in dieser Melodie von den Hebriden:

---

33     Vgl. dazu auch das weiter oben (S. 52 und Anm. 30) Dargestellte.
34     Ich verwende hier beispielhaft die G-Pentatonik. Das hier Ausgeführte gilt selbstredend für jede mögliche Transposition einer Melodie.

Wenn hier von Dur und Moll gesprochen wird, so sind dies wirklich nur Tendenzen, weil bestimmte für die „eigentliche" Dur- oder Moll-Wirkung charakteristische Skalenstufen – z. B. die 7. Skalenstufe als Leitton in Dur – überhaupt nicht auftreten.
Im deutschen Sprachraum hat die Pentatonik bei Kinderliedkomponisten seit Anfang des 20. Jahrhunderts eine Renaissance erlebt. Die Melodien haben meistens einen Grundtonbezug. Hier ein charakteristisches Beispiel von Richard Rudolf Klein (1921 – 2011):

*Richard Rudolf Klein: Musisches Mosaik (Fidula Verlag)*

Trotz ihres Grundtonbezugs behält die Melodie doch gegenüber einer gängigen Dur-Melodie eine gewisse Offenheit, da es keine Halbtonschritte und vor allem keinen zum Grundton führenden Leitton gibt.

## Quintenstimmung

Rein äußerlich betrachtet, scheinen Pentatonik und Quintenstimmung zwei Begriffe für ein und dieselbe Sache zu sein. Tatsächlich bewegen sich auch die meisten Kinderlieder der durch Rudolf Steiner angeregten Komponist*innen in der Pentatonik. Und im Umkreis der Waldorfpädagogik entstandene Kinderinstrumente, wie z. B. Choroiflöte oder Kinderharfe, sind ebenfalls pentatonisch gestimmt. Dennoch wäre es ein großes Missverständnis, Pentatonik und Quintenstimmung einfach gleichzusetzen. Wenn von einer Melodie gesagt wird, sie sei pentatonisch, so ist damit lediglich ihr „Baumaterial" definiert: fünf Töne, keine Halbtonschritte. Über die Stimmung oder den Charakter der betreffenden Melodie sagt dies nicht allzuviel aus. Wie verschieden die Erscheinungsweisen pentatonischer Melodien sein können, wird schon am Vergleich der drei zuletzt genannten Liedbeispiele deutlich. Noch viele andere Stimmungsfacetten ließen sich anhand weiterer pentatonischer Lieder aufzeigen.

Ganz anders verhält es sich mit dem Begriff Quintenstimmung. Er lässt sich nicht quantitativ vermessen als bestimmte Anzahl von Tonleiterstufen oder bestimmte Schrittgrößen, sondern ist letztlich nur qualitativ als Stimmungsraum zu erfassen. Viele Aspekte dieses Erlebnisraums sind bereits in den vorhergehenden Kapiteln angeklungen. Im nächsten Kapitel wird es darum gehen, wie man sich als Erwachsener im musikalischen Üben mit diesem den jüngeren Kindern ganz selbstverständlichen „Lebensraum" vertraut machen kann.

## Sich musikalisch einleben in Quintenstimmungen

Bereits im Vorwort wurde davon gesprochen, dass wir als Erwachsene, die mit Kindern im Vorschulalter oder ersten Schulalter pädagogisch tätig sind, lernen müssen, den besonderen Stimmungsraum dieses Lebensalters wahrzunehmen, uns in ihn einzustimmen um so mit den Kindern in Resonanz treten zu können. Musikpädagogisch ergibt sich daraus die Frage nach einer angemessenen musikalischen Gestaltung. Diese hatte Rudolf Steiner mit seinem der Lehrerschaft der ersten Waldorfschule gegebenen Hinweis im Blick, das Kind im beginnenden Schulalter lebe „noch im Wesentlichen in Quintenstimmungen".[35] Und er setzte in diesem Vortrag dann, etwas sperrig formuliert, fort: „Und daher wird man natürlich als Schulbeispiele dasjenige nehmen können, was auch schon Terzen hat; aber will man so recht an das Kind herankommen, so muss man das Musikverständnis von dem Quintenverständnis aus fördern." Wohlgemerkt ist mit „Verständnis" hier nicht ein intellektuelles Auffassen einer Sache gemeint, sondern ein seelischer Raum, den Kindern wohlbekannt, denn sie leben in ihm. Der Erwachsene muss sich aber mit diesem Lebensraum erst vertraut machen.

---

35    Vortrag vom 7. März 1923, GA 283 bzw. GA 278.

Musikpädagogisch spitzt sich das auf die Frage zu, wie ich das Gestimmtsein der jüngeren Kinder nicht nur wahrnehmen lernen, sondern ihm auch musikalisch adäquat begegnen kann. Eine Resonanzfrage also. Wir werden später noch sehen, wie die in der Waldorfpädagogik tätigen Musiker*innen mit dieser Frage umgegangen sind und daraus ihr Liedschaffen gestaltet haben, von der Generation der Pioniere seit 1919 bis in die Gegenwart. Von besonderer Bedeutung ist in dieser einen Zeitraum von etwa 100 Jahren umfassenden Entwicklung die Arbeit von Julius Knierim (1919 – 1999), einem Vertreter der zweiten Generation von Musiker*innen, die auf Rudolf Steiners Anregungen aufgebaut haben.[36] In seiner Tätigkeit im Rahmen der musikalischen Ausbildung von Lehrer*innen, Erzieher*innen und Heilpädagog*innen realisierte er deutlicher als seine Vorgänger die Schwierigkeit vieler Erwachsener, von dem ihnen gewohnten Musikempfinden aus sich in die Stimmung der jüngeren Kinder hineinzuversetzen. So konzipierte er einen Übungsweg, den er 1970 unter dem Titel *Quintenlieder* (Knierim 1970) veröffentlichte. Im Folgenden beziehe ich mich immer wieder auf seine Übungsanregungen, mit denen er einen für jeden Erwachsenen gangbaren Weg hin zum „Leben in Quintenstimmungen" erschlossen hat.

Folgende Aspekte sind für das musikalische Erleben des Erwachsenen charakteristisch:
– Die Fähigkeit und damit auch das Bedürfnis, durch Musik im Innersten berührt zu werden.
– Das Taktempfinden als an der eigenen Gestalt erlebtes Verhältnis von Schwere und Leichte.
– Das Grundtongefühl als Erlebnis eines eigenen Standorts und darauf bezogener harmonischer Spannungen und Lösungen.
Dies alles ist, wie bereits ausführlich dargestellt wurde, dem musikalischen Erleben der jüngeren Kinder noch fremd. Sie werden von der Musik wie von außen berührt und bewegt, kennen weder Grundton noch Takt.
Knierim führt nun die Erwachsenen auf einen Weg, der ermöglicht das ihnen gewohnte Erleben gleichsam abzustreifen, sich leicht und weit zu machen für die Begegnung und das Musizieren mit den Kindern.

---

36    Zu Knierims Biografie und Arbeitsimpulsen ausführlich: Gerhard Beilharz (2019): Julius Knierim. Quellort muss immer die Kunst bleiben.

Das musikalische Tor hin zu dieser den Kindern gemäßen „leichten Weite"
ist die Quinte. Sie ist ganz anwesend in der folgenden Tongemeinschaft:[37]

Die Folge dieser insgesamt 7 Töne spannt einen doppelten Quintraum
auf, symmetrisch um den zentralen Ton a'. Dieser quintgeprägte Raum,
der auch gut dem Umfang der Kinderstimme entspricht, lebt ganz aus
der atmenden Weite und lässt Grundtonkräfte, wenngleich sie auch hier
ins Spiel kommen können, in den Hintergrund treten. „Es ist nicht die
Geste und Bewegung einer Skala, die uns von unten nach oben führt
und aufrichtet, sondern ein grundtonloses Schwingen mit einem Zentrum und einer Peripherie" (Temperli 2019, S. 122). Damit ist ein offener, noch kaum „beschwerter" musikalischer Raum gegeben, der mit der
Weltverbundenheit der jüngeren Kinder korrespondiert.

Knierim lässt nun die vom Zentrum a' ausgehenden Quintschwünge
zu den Außentönen a' - d' bzw. a' - e" ausgiebig üben. Mit solchen Übschritten kann der Erwachsene sich von seinem Grundton- und Dur-
Moll-bezogenen Hören freimachen und in den Stimmungsraum der
Quinte hineinwachsen.

Hier ein Beispiel:

---

37      Mit der Verwendung dieser Töne beziehen sich Knierim und seine Vorgänger
auf eine Passage aus Steiners Vortrag vom 7.3.1923 (GA 283 bzw. GA 278), die besagt,
„dass eigentlich eine Skala, nach unserer Folge aufgebaut, dazumal gewesen wäre, durch
lange Zeiten hindurch, in der nachatlantischen Zeit: d, e , g, a, h und wiederum d, e.
Kein f und kein c." Es ist nicht zu leugnen, dass diese Äußerung eindeutig in einem
menschheitsgeschichtlichen Kontext steht; die eingangs zitierte (s. Seite 14), spezifisch
pädagogische Anregung erfolgt im selben Vortrag erst sehr viel später, und zwar ohne
ausdrücklichen Bezug auf die genannte oder überhaupt irgendeine Tonfolge. Es gibt keine
Aussage Steiners, die Waldorflehrer sollten pentatonisch mit den Kindern musizieren.
Aber in der musikpädagogischen Erfahrung erweist sich gerade diese eine Doppelquinte
umspannende pentatonische Gestalt als besonders geeignet um sich in der Stimmung der
jüngeren Kinder zu bewegen.

Hum - per - lum - pum,      Ha - ber - mann   kumm,

fahr   uns - re    ....     ....   im   Wa - gen   he - rum.

*Alois Künstler: Das Brünnlein singt und saget (Edition Bingenheim, Verlag Freies Geistesleben)*

Knierim gibt dazu die Anweisung:
„Übe: leichte Quinte, abwärts schwingende, nicht fallende, die ihren Ausgangston a' nicht vergisst, sondern leicht wiederfindet."[38]
Oder anders gesprochen: Übe leichter und weiter zu werden. In seinen Übungsanregungen verwendet Knierim immer wieder den von Ernst Lehrs übernommenen Begriff „Leichte"[39]; ein mit Grundtongefühl oder Taktakzent verbundenes „Tongewicht" sei abzustreifen oder zu vermeiden.

In derselben Weise wird auch die Quinte a'-e" geübt, z. B. mit dem folgenden kleinen Vers:

Spieg - lein,    Spieg - lein    an     der    Wand,

wer    ist    die   Schö - ste    im    gan - zen   Land?

*Julius Knierim: Quintenlieder (Edition Bingenheim, Verlag Freies Geistesleben)*

Nun wird – immer aus dem Gefühl für diesen atmenden Quintenraum – der ganze Tonraum näher erkundet, vor allem durch mannigfaltige Umspielungen des Tones a'. Die Ausrichtung auf diesen Mitte-Ton – auch

---

38      Unveröffentlichtes Arbeitsblatt, zit. nach Beilharz (2019, S. 185).
39      Ernst Lehrs (1966): Mensch und Materie. Darin speziell das Kapitel „Von der Leichte als Gegenpol zur Schwere", S. 169 ff.

im eigenen Erfinden kleiner Melodien – hilft, die nötige Offenheit und Weite zu behalten und nicht unbemerkt in die Schwere („Stehen" auf einem Grundton) zurückzufallen.[40]

In sehr eindrücklicher Weise erscheint dieser „quintengestimmte" Raum im folgenden Lied:

Ein Far - ben - bo - gen steht ge - spannt,_____

wie schön er leuch - tet ü - bers Land,

er ist so rot, blau, gelb und grün,_____

könnt ich doch sei - ne Stra - ße ziehn!_____

*Julius Knierim: Quintenlieder (Edition Bingenheim, Verlag Freies Geistesleben)*

In großzügigen Quintschwüngen um den Zentralton a' entsteht würdevoll das Bild des Regenbogens. Im zweiten Teil, wo die Farben näher betrachtet werden, kleinere Tonbewegungen: Sekundumspielungen des Zentraltons. Das Nachspiel für Kinderharfe lässt beide Teile, den ersten gespiegelt, noch einmal anklingen.

---

40      Detaillierte Anregungen zu diesen Übschritten gibt Knierim in seinem Quintenliederheft (Knierim 1970). – Hat man eine gewisse Sicherheit erreicht, kann man zu freieren melodischen Gestaltungen übergehen. Siehe dazu die später folgenden Liedbeispiele.

Hier erscheinen die charakteristischen Leichtekräfte (im Gegensatz zur grundtonbezogenen Schwerkraft) in Reinkultur, gleichzeitig in völliger Übereinstimmung mit dem Inhalt des Liedes.

Dass der Regenbogen in diesem Lied in seiner ganzen Größe erscheinen kann, ist nicht allein melodisch, durch den doppelten Quintschwung, gegeben. Auch von der rhythmischen bzw. metrischen Gestaltung her entsteht diese Weite. Knierim bringt die Worte in eine Neunerbewegung (3 x 3). Dieses Metrum gibt die größtmögliche Atemweite. Im Mittelalter wurde es als vollkommene Bewegungsweise erlebt, als *tempus perfectum*.

Mit konventioneller Taktbezeichnung (die Knierim selbst in seinem Quintenliederheft nicht benutzt) würde der Liedanfang so aussehen:

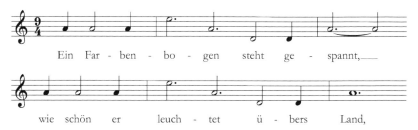

Vom Sprachrhythmus aus wäre anstelle der weit schwingenden Neuner-Bewegung auch eine Art 3/2-Takt denkbar, bei der aber der Regenbogen schon einiges von seiner Größe und Majestät einbüßen würde.

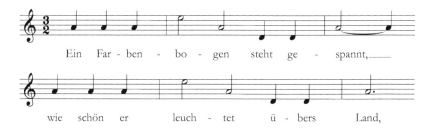

Gänzlich zum Verschwinden kommt das Bild des Regenbogens, wenn der Text musikalisch in einen 6/4-Takt eingesperrt wird und nun seine Weite völlig verliert:

Ein Far - ben - bo - gen steht ge - spannt,

wie schön er leuch - tet ü - bers Land,

Spätestens an dieser Stelle wird deutlich: Das „Leben in Quintenstimmungen" wird musikalisch keinesfalls nur durch die Verwendung bestimmter Töne erreicht. Wichtig ist die Qualität der Bewegung. Die Beobachtung der Kinder kann uns lehren unsere eigenen Bewegungen, eben auch die musikalischen, nicht durch unseren gewohnten Habitus zu „beschweren", sondern in leichtem, lebendigem Fluss zu halten. Eine Inspirationsquelle für den Erwachsenen sind hier das Miterleben der vielfältigen Bewegungsweisen von Wind, Wasser, Wolken und verschiedenen Tieren: Wie schleicht die Katze? Wie tappt der Bär? Könnte ich mich bewegen wie eine Forelle, wie ein Eichhörnchen, ein Bussard, wie eine Schneeflocke oder ein rauschender Bach?[41]

Das Singen in diesem Stimmungsraum entsteht am Sprachrhythmus

---

41      Als einer der Ersten innerhalb der Waldorfpädagogik hat Knierim dem Aspekt der Bewegung große Aufmerksamkeit geschenkt, nicht nur hinsichtlich des Singens und Musizierens mit jüngeren Kindern, sondern auch in seiner Bedeutung für die Selbstschulung des Erwachsenen. Die volle Durchlässigkeit für den musikalischen Prozess kann nicht allein durch das Hören erlangt werden. Wir hören nicht nur mit den Ohren, sondern als zur Bewegung begabter ganzer Mensch. Gelingt es, diesen Bewegungsmenschen in uns durch spielerisches Üben „geschmeidig" zu machen, dann können Hören und Bewegen sich wechselseitig befruchten. Knierim hat, in mancher Hinsicht auch inspiriert durch Pär Ahlbom, in seinen Kursen an solchen Fragen geübt. In seinen Veröffentlichungen (Knierim 1970 und 1988) gibt es einige Gesichtspunkte dazu, meist jedoch auf knappe Andeutungen beschränkt. Auf den Anstößen von Knierim und vor allem auch Pär Ahlbom aufbauend, ist dieses Feld von Musik und Bewegung inzwischen in verschiedene Richtungen weiter ausgearbeitet worden: Über das Spielen als Weg von der äußeren zur inneren Bewegung schreibt Waller (2004), ausgehend von der Arbeit mit Unterstufenklassen. Ähnlich beschreibt Brass (2010) in ihrer umfassenden Darstellung solche vom Bewegungspol ausgehende, ins Hören führende Wege. Mehr auf das Kinderharfenspiel bezogen geben Beilharz und Kumpf bewegte Übanregungen für Unterrichtende (in Beilharz/Giersch/Tobiassen 2014, S. 13-18). Christiane Kumpfs „Übungen für den Lehrer" (in Beilharz/Kumpf 2005, S. 9-23) enthalten eine Fülle von Anregungen, wie man als Erwachsener sich durchlässig machen kann für ein dem „quintgestimmten" Raum der Kinder entsprechendes Hören und Bewegen.

und geht nicht aus vom Takt. So bleibt es leicht und fließend. Die Kinderstimmen selbst zeigen uns, wie das geht. Wir müssen es nur wahrnehmen lernen. Gelingt es uns bis in die eigene Stimmgebung hinein im Bereich der Leichte zu bleiben, ohne Taktkorsett und ohne große Expressivität einfach singend zu erzählen, dann erreichen wir die Kinder in dem ihnen wohlvertrauten Raum. Sie können dann auch in neue Lieder sofort einsteigen, auch in solche, die manchen Erwachsenen kompliziert und schwierig erscheinen, weil sie sich nicht an uns gewohnten Rastern von Tonalität und Takt orientieren.

Wird das Singen mit den Kindern in dieser Sphäre gehalten, dann tut man ihnen in mehrfacher Hinsicht etwas Gutes:

Sie fühlen sich verstanden, singen und bewegen sich gerne in diesem noch stark fluktuierenden Raum.

Wie absichtslos (ohne die heute oft üblichen, punktuell gezielten Sinnesübungen) schulen sie ihr Hören.

Ihre Stimmen vergröbern nicht und es entsteht kein plärrendes Singen.

Sie erfahren eine unbewusst bleibende, tiefgreifende ästhetische Erziehung.[42]

Noch einmal zusammenfassend: Lieder „in Quintenstimmung" sind nicht vom gewohnten Taktgefühl aus zu singen (auch wenn sie, vielleicht aus einer Konvention heraus oder um auch dem in Notationsfragen weniger Bewanderten das Lesen zu erleichtern, mit Taktstrichen notiert sind), intendiert ist vielmehr „ein leichtes, fließendes Singen [...] Die Worte sollten singend ‚erzählt' werden. [...] Damit ist eine große Freiheit im rhythmischen Fluss vorgegeben" (Knierim, zit. nach Beilharz 2019, S. 187).

Den Kindern selbst ist diese offene, leichte Stimmgebung eigen – dies wurde bereits weiter oben beschrieben. Gelingt es mir als Erwachsenem, die eigene Stimme in entsprechend leichtem, nicht taktbeschwerten Fluss sich bewegen zu lassen, auf expressiv-dramatische Färbung zu verzichten, kann ich mich in einem gemeinsamen Lebensraum mit den Kindern bewegen.

Diesem Raum entsprechen auch eigens für das Musizieren mit Kindern geschaffene Instrumente wie die Kinderharfe oder die pentatoni-

---

42    Steiner: „Im Plastisch-Bildnerischen schauen wir die Schönheit an, erleben sie; im Musikalischen werden wir selbst zur Schönheit" (GA 294, Vortrag vom 23.8.1919).

sche Choroiflöte. Es wäre jedoch ein Irrtum zu glauben, dies sei allein der pentatonischen Stimmung dieser Instrumente zu verdanken. Der doppelte Quintraum der Töne d e g a h d" e" ist sozusagen nur eine Seite der Medaille. Die andere, ebenso wichtige, ist der Klang. Beide Instrumente haben einen im Umkreis beheimateten, noch nicht „innig" zentrierenden Klang. Diese klangliche Konfiguration orientiert sich ganz am Musikerleben der jüngeren Kinder, ist also sozusagen aus dem Erleben der Quintenstimmung geschaffen.[43]

# Ein Wegweiser zu den folgenden Darstellungen

Mein Hauptanliegen bei den folgenden Ausführungen ist, durch ausgewählte Liedbeispiele und Gegenüberstellungen möglichst viele charakteristische Facetten für eine Annäherung an ein Komponieren und Singen „in Quintenstimmungen" erscheinen zu lassen. Bis heute sind drei Generationen von Musiker*innen mit Steiners diesbezüglichen Anregungen umgegangen. Auf einige von Ihnen gehe ich näher ein und folge dabei im Wesentlichen der Chronologie von 1919 bis in die Gegenwart. Dadurch werden, wie nebenbei, Umrisse einer Geschichte dieser Bestrebungen sichtbar. Auffallend – und beim ersten Lesen vielleicht verwirrend – sind dabei die individuell so unterschiedlichen Suchbewegungen in der Generation der Pioniere, manches noch sehr tastend und mitunter in Vorstellungskonstrukten befangen. In der zweiten Generation ist es dann vor allem Julius Knierim, der den nicht leicht zu fassenden Bereich der „Quintenstimmung" in seiner Qualität umfangreich erschlossen und einen Übungsweg für Erwachsene entwickelt hat, um sich in diesen Raum einzustimmen. Dies wurde bereits im vorhergehenden Kapitel dargestellt. Zu dieser zweiten Generation gehören auch Wolfgang Wünsch und Pär Ahlbom, von denen ich Liedbeispiele bringen werde. Aufbauend auf den Erreichnissen der Vorgänger hat dann eine dritte Generation von Musiker*innen die Arbeit bis heute weiterentwickelt und kommt mit einer Reihe weiterer Liedbeispiele zu Wort.

---

43    Siehe dazu ausführlicher das Kapitel „Quintenstimmung und Kinderharfe" in Beilharz (2019, S. 182-194).

# Von Rudolf Steiner inspirierte Musikpädagog*innen und Liedkomponist*innen der ersten Generation

1919 begründete Steiner die Waldorfpädagogik, 1924 die anthroposophische Heilpädagogik. Innerhalb der von ihm in diesen Jahren gehaltenen Vorträge berührte er immer wieder auch musikalisch-menschenkundliche Fragestellungen.[44] Für die pädagogisch oder heilpädagogisch Tätigen unter den anthroposophischen Musikpionieren waren vor allem seine wenigen Bemerkungen über Intervallstimmungen und ihren Bezug zur Entwicklung des Kindes inspirierend. So entstanden besonders im Bereich des eigentlichen Kinderliedes – für Vorschulalter und erstes Schulalter – viele Neuschöpfungen[45] In der Generation der Pioniere waren es vor allem Paul Baumann, Elisabeth und Heinrich Ziemann-Molitor, Edmund Pracht und Alois Künstler, die sich der Frage des Kinderliedes widmeten. Sie alle haben versucht einen altersgemäßen „Ton" zu treffen. Ich werde anhand einiger ausgewählter Liedbeispiele ihre durchaus unterschiedlichen Ansätze aufzeigen. Dabei werde ich manchmal auch zwei Lieder zum selben Text oder zu einem verwandten Thema einander direkt gegenüberstellen, um charakteristische Züge noch deutlicher hervortreten zu lassen.

**Paul Baumann** (1887 – 1964) wurde als Musiklehrer in das Gründungskollegium der ersten Waldorfschule berufen. Er hatte nach absolviertem Musikstudium zeitweilig als Kapellmeister gewirkt. Nun stellte er sich mit seinem kompositorischen Können begeistert in den Dienst der neuen pädagogischen Sache und schuf in kürzester Zeit eine Fülle von

---

44      Für unseren Zusammenhang sind hier vor allem die seit 1919 gehaltenen zahlreichen pädagogisch-menschenkundlichen Vorträge zu nennen, sowie die bereits mehrfach erwähnten Tonerlebnis-Vorträge von 1923 (GA 283 bzw. GA 278) und der Toneurythmiekurs (GA 278) von 1924.
45      Inzwischen haben mehrere Generationen von Komponisten und Musikpädagogen diese Arbeiten fortgesetzt. Weltweit ist daraus eine Fülle von Kinderliedern entstanden. Bei aller Unterschiedlichkeit der Produkte (auch ihrer jeweiligen textlichen oder kompositorischen Qualität) kann man zusammenfassend durchaus von einem „waldorftypischen" Liedgut sprechen.

Liedern und kleinen Chorstücken für die verschiedenen Klassenstufen.[46] Eine immense Pionierleistung mit einer eigenständigen künstlerischen Handschrift, die – da Baumann als Musiker im Zentrum der sich gerade erst etablierenden Waldorfpädagogik stand – in den Pionierjahren als „Waldorf-Liedstil" galt.

Eines seiner bekanntesten Lieder ist das bis heute vielerorts gesungene, für Schulanfänger geschriebene *Auf der Erde steh ich gern* .

Auf der Er - de      steh' ich gern      fest mit bei-den      Bei - nen,

kräf-tig schreit' ich      hin und lern      von den fe - sten      Stei - nen.

a -      -      -      - -      a -      -      -      - -

*Paul Baumann: Lieder der Freien Waldorfschule (Verlag am Goetheanum)*

Innerhalb unserer Betrachtung nimmt dieses Lied eine gewisse Sonderstellung ein, da Baumann – im Gegensatz zu den anderen Liedkomponisten, auf die wir noch eingehen werden – nicht die heute bisweilen als „Waldorfpentatonik" etikettierte Skala d e g a h d" e". benutzt. Vielmehr gibt er der Melodie einen Quintrahmen (d – a), in dem sie sich diatonisch bewegt. Treffender wäre es wohl, die Quinte hier als Hülle zu bezeichnen, in der eine innige, feierliche Stimmung, die sich mit aller Schöpfung verbunden weiß, gehütet wird. – Ein Grundton (d) ist vorhanden, wird aber nicht durch einen Leitton zementiert und beschwert.

---

46      In den Jahren 1921 und 1922, gerade einmal zwei, bzw. drei Jahre seit Gründung der Schule, hat er bereits 4 Hefte „Lieder der Freien Waldorfschule" veröffentlicht (im Verlag am Goetheanum bis 1979 mehrfach neu aufgelegt, inzwischen vergriffen).

**Elisabeth Ziemann-Molitor** (1894 – 1986) wurde 1926 als Instrumentallehrerin an die Hamburger Goetheschule (die zweite Waldorfschule in Deutschland) berufen. Für ihre Arbeit in der Unterstufe entwickelte ihr Mann, der Ingenieur Heinrich Ziemann, pentatonische Flöten und Glockenspiele, die auch über die Hamburger Schule hinaus Verbreitung fanden. – In zahlreichen Veröffentlichungen bemühte sich das Ehepaar Ziemann-Molitor um eine gedankliche Durchdringung und konsequente Anwendung von Rudolf Steiners musikpädagogischen Anregungen.[47] Für den praktischen Gebrauch publizierten sie eine Sammlung ausschließlich pentatonischer Lieder: *200 Alte Deutsche Volkslieder für die Fünfton-Flöte* (Ziemann-Molitor 1931). Demgegenüber stehen nur vereinzelt eigene Kompositionen.

Der musikpädagogische Ansatz des Ehepaares Ziemann-Molitor für die jüngeren Kinder hielt sich strikt an die von Rudolf Steiner im ersten Tonerlebnis-Vortrag erwähnte pentatonische Tonfolge d e g a h d" e".[48] Dieses Fokussieren auf einen rein tonsystemlichen Aspekt, unter Ausklammerung aller anderen Faktoren, war unter den anthroposophischen Musikpionieren keine Seltenheit. In dieser Hinsicht hat die Waldorfmusikpädagogik inzwischen ihren Blick stark geweitet und sich aus manchen ideologischen Befangenheiten befreit. Interessant ist im historischen Rückblick, dass sich Paul Baumann – ohne Namen zu nennen – schon 1927 in einem bemerkenswerten Aufsatz gegen die puristischen Auslegungen von Ziemann-Molitor gewandt hat. Auch wenn man seiner Kritik nicht in allen Einzelheiten folgen will, wird man doch gerne einen Satz wie diesen unterschreiben: „Beim Kind selbst hat der Lehrer die ‚Quintenstimmung' aufzusuchen durch seine innere Einstellung, dann wird er die richtige Auswahl an Kompositionen und Übungen treffen können" (Baumann 1927, S. 356 f.). Aber auch Baumanns Komposi-

---

47    In ihrer 1930 erschienenen Schrift *Eine neue Grundlage im Musikunterricht an Volksschulen* zeigen H. und E. Ziemann-Molitor, dass einige von Caroline von Heydebrand in ihrem „Lehrplan der Freien Waldorfschule" 1925 festgeschriebene Inhalte für den Musikunterricht der unteren Klassen nicht auf Angaben Rudolf Steiners, sondern auf die Kompositionspraxis von Paul Baumann beruhen.

48    Steiner schildert dort den bewusstseinsgeschichtlichen Übergang von einer durch das „Septimenerleben" geprägten zu einer quintgestimmten Zeit (dem Beginn der alten Hochkulturen, siehe auch Anm. 32): „Und der Mensch fing an, das größere Wohlgefallen am Quinterlebnis zu bekommen, so dass eigentlich eine Skala, nach unserer Folge aufgebaut, dazumal gewesen wäre: d e g a h d e." (Steiner, GA 278, 7.3.1923)

tionsstil wurde von den eigenen Kollegen ideologisiert. Die Tatsache, dass von seinen bereits 1921 veröffentlichten Lieder die für die 1. Klasse gedachten im Tonumfang der Quinte stehen, diejenigen für die 2. Klasse im Tonumfang der Oktave, wurde aus heute nur schwer nachzuvollziehenden Gründen zum gültigen Lehrplan erhoben und für Jahrzehnte fixiert.[49] Diese unsinnige Einengung hat die Waldorfpädagogik seit langem hinter sich gelassen.

**Edmund Pracht** (1898 – 1974) kam als junger Pianist 1923 an das Goetheanum nach Dornach. Als Eurythmiebegleiter der am Goetheanum regelmäßig stattfindenden Aufführungen konnte er an Steiners 1924 gehaltenem Toneurythmiekurs teilnehmen und erhielt dort wesentliche Anregungen für ein vertieftes Üben mit den musikalischen Elementen.[50] Bekannt wurde er vor allem durch die Konzeption einer modernen, dem antiken Typus nur lose verwandten Leier, die seit 1926 gebaut und weiterentwickelt werden konnte.[51] Im Zusammenhang mit diesem neuen Instrument, das zunächst Eingang in die heilpädagogische Arbeit fand, schuf Pracht eine Fülle von Kompositionen, darunter viele Kinderlieder. Auch Pracht versucht, ähnlich wie das Ehepaar Ziemann-Molitor, die Frage, wie ein Kinderlied idealerweise beschaffen sein sollte, gründlich zu reflektieren. Aber er geht behutsamer, künstlerischer vor. Sein 1928 veröffentlichtes Kinderliederheft *Die Erde hat uns lieb* eröffnet er mit dem Satz: „Die Melodien der Lieder in diesem Heftchen sind ein Versuch, in dem Empfindungsbereich der Quinte zu musizieren" (Pracht 1928, S. 9). Für seine Lieder benutzt er vorzugsweise die pentatonische Skala d e g a h.

---

49      In dem von Caroline von Heydebrand 1925 zusammengestellten *Lehrplan der Freien Waldorfschule* wird zum Musikunterricht der Unterstufe Folgendes angegeben. Für die 1. Klasse: „Lieder innerhalb der Quinte werden gesungen." (Gemeint ist der Tonumfang, z.B. d-e-fis-g-a, vgl. Baumanns Lied *Auf der Erde steh ich gern*, s. weiter oben.) Und für die 2. Klasse: „Zu den Liedern innerhalb der Quinte treten Lieder innerhalb der Oktave." Dies entbehrt einer tieferen Begründung und beruht lediglich auf der Kompositionspraxis von Paul Baumann, für die möglicherweise stimmpädagogische Überlegungen ausschlaggebend waren. – Kurioserweise wurde dieser Lehrplan (der selbstverständlich auch viel zeitlos Berechtigtes enthält) bis in die 1980er Jahre, als er von der musikpädagogischen Praxis der Waldorfschulen schon längst überholt war, immer wieder unverändert aufgelegt.
50      Siehe Beilharz 2003 d.
51      Vgl. dazu Beilharz 2004a und Beilharz 2018.

Hier ein Beispiel:

Text: Gerlind Zaiser
Melodie: Edmund Pracht

Ei flink, ein Schmet-ter-ling, schwe-bet he-ran! welch lu - sti - ges Ding kommt her auf den Plan. Wol-len wir's fan-gen, wol-len wir's ha-schen, sehn wir's nicht mehr. Hat's uns ge-neckt, ist es schon weg. Schmet-ter-ling Ding kom-me gar flink, ha-ben dich lieb, Schwes-ter-lein rief: kom-me, o komm!

*Edmund Pracht: Die Erde hat uns lieb (Orient-Occident-Verlag)*

Ein luftiges Gebilde, in dem der Flug des Schmetterlings in der melo-disch-rhythmischen Bewegung anwesend ist. „Technisch" gesprochen, gibt es einen Grundton g. In der Musiklehre würde man deshalb von G-Pentatonik sprechen. Aber von vornherein wird ein Quintraum er-öffnet, bei dem man nicht das Gefühl hat auf einem Grundton zu ste-hen. Vielmehr entsteht ein Gefühl von Leichte und Weite, wozu auch die rhythmische Bewegung ihr Teil beiträgt.

Was Pracht in diesem Lied gelungen ist – es gibt im selben Heft auch weniger überzeugende Beispiele – charakterisiert er in einem späteren Buchbeitrag, wenn er die Pentatonik der grundtonbezogenen Dur-Skala gegenüberstellt:

„Verwenden wir die Skala d e g a h in reiner Form, so haben wir es mit den Gesetzen der Pentatonik zu tun. An die Stelle einer im Mittelpunkt [dem Grundton] sich sammelnden ‚Schwere' tritt die von der Periphe-rie her haltende ‚Leichtigkeit'. Damit ändert sich alles. Ein Innen, das

72

dem Außen gegenüberstünde, gibt es nicht mehr. Die Töne werden vertauschbar; jeder Ton kann Hauptton sein. Allen fünf Tönen ist gemeinsam, dass sie, qualitativ empfunden, vom Stimmungsgehalt der Quinte getragen werden."[52]

Wer Lieder dieser Art mit jüngeren Kindern singt, bemerkt, wie die Kinder ganz in diesem Bewegungsduktus – hier: des Schmetterlings – aufgehen. Innen und Außen sind Eins. Damit ist, verglichen mit dem traditionellen Kinderlied mit seiner ausgesprochen formelhaften Zuordnung von Tönen zu ziemlich beliebigen Texten, eine völlig neue Qualität erreicht: die „Stimmigkeit des Melodischen mit dem inhaltlichen Bild" (Riehm 2007, S. 22).

Pracht war unter den anthroposophischen Musikpionieren wohl der erste, der sich um diese „Stimmigkeit" bemüht hat. In dieser Richtung hat es dann Alois Künstler in seinen seit Ende der 1920er Jahre entstandenen Kinderliedern zu hoher Meisterschaft gebracht.

**Alois Künstler** (1905 – 1991) war als Musiker weitgehend Autodidakt. Als 19jähriger Praktikant hatte er 1924 in dem Jenaer Kinderheim „Lauenstein" eine erste Begegnung mit der gerade entstehenden anthroposophischen Heilpädagogik, der er sich dann ab 1929 im Heil- und Erziehungsinstitut Gerswalde/Uckermark als Musiker zur Verfügung stellte.[53] Angeregt durch Rudolf Steiners Tonerlebnisvorträge und den Toneurythmiekurs, im Übrigen aber völlig auf sich allein gestellt und bis nach dem zweiten Weltkrieg ohne viel Kontakt zu den Musikern an anderen Heimen oder Schulen, schuf er hier, inspiriert von den Kindern, seine kostbaren Liedjuwelen. [54]

Ein charakteristisches Beispiel ist das folgende kleine Lied vom Vöglein:

---

52        Pracht (1956), zit. nach „Heilende Erziehung", Neuausgabe (Bort et al. 1998, S. 323).
53        Siehe Lampson & Lampson 1984; Beilharz 2003 e.
54        Sein erstes Heft mit Kinderliedern, 1935 unter dem Titel *Schaut her, es kommt geschwommen* veröffentlicht, erfuhr 1958 eine erweiterte Neuausgabe mit dem Titel *Das Brünnlein singt uns saget* und ist zum bis heute immer wieder neu aufgelegten „Klassiker" geworden.

*Alois Künstler: Das Brünnlein singt und saget (Edition Bingenheim, Verlag Freies Geistesleben)*

Eine leichte, duftige Sommerstimmung. Das kleine, nicht näher bezeichnete Vöglein – hier geht es noch nicht um präzise gegen-ständliche Naturbetrachtung – in zartem Flügelschlag, den das 2-Ton-Motiv des ersten Taktes gewissermaßen in den Hörraum „malt". Wiederholung des Flügelschlagmotivs im 2. Takt. Frage im 3. Takt, das Motiv 3-tönig erweitert, die Töne der Satzmelodie folgend. 4. Takt, freudig-liebevoller Ausruf, greift das Motiv des 3. Taktes verwandelnd auf, endet offen und leicht. Ist der Vogel weggeflogen?

Im Vergleich dazu:

Wann wird solch ein Lied gesungen? Möglicherweise an einem schönen Sommerabend in freier Landschaft, vielleicht auch auf der abendlichen Heimfahrt nach einem erfüllten Tagesausflug, oder im Klassenzimmer. Wie auch immer, die Nachtigallen werden kaum je anwesend sein. Hier geht es eben nicht primär um das sprachlich-musikalische Abbild äußeren Geschehens, sondern vielmehr um den Ausdruck einer inneren Gefühlswelt, für welche die Außenwelt allenfalls den Anlass gibt. Die Worte sprechen für sich: süße Melodien, Tränen, Schwermut, Herz sowie die etwas pathetische Eröffnung: Alles schweiget. Die Melodie, auch wenn sie Reste von Abbildhaftigkeit enthält, ist ganz auf den harmonischen Zusammenklang der drei Kanonstimmen hin komponiert und folgt einem schlichten, aber kraftvollen Kadenzschema.

11- bis 12-jährige (und auch der 12jährige Seelenanteil im Erwachsenen, der ja nie verlorengeht) werden mit Hingabe solch ein Lied – miteinander, denn auch das Gruppengefühl schwingt hier mit – singen. Ein 6-jähriges Kind, das zufällig mithört oder mitsingt, wird allerdings nicht dieselbe tief innerliche Berührung erleben.

Im Vergleich mit dem Nachtigallen-Kanon dürfte die Eigenart des Vöglein-Liedes deutlich hervorgetreten sein. Man beachte auch, wie verschieden die Rolle des Taktes in beiden Liedern ist und wie mit dem Sprachrhythmus umgegangen wird.

Auch bei den beiden folgenden Notenbeispielen – zwei verschiedene Vertonungen des (fast) gleichen Textes – treten charakteristische Merkmale von Künstlers Kinderliedstil deutlich hervor.

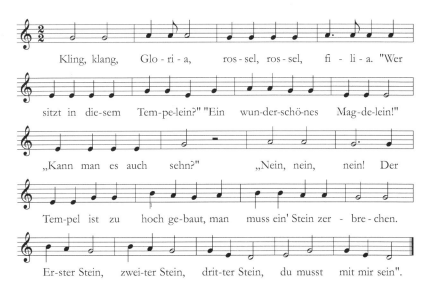

Kling, klang, Glo - ri - a, ros - sel, ros - sel, fi - li - a. "Wer

sitz in die-sem Tem-pe-lein?" "Ein wun-der-schö-nes Mag-de-lein!"

„Kann man es auch sehn?" „Nein, nein, nein! Der

Tem-pel ist zu hoch ge-baut, man muss ein' Stein zer - bre - chen.

Er-ster Stein, zwei-ter Stein, drit-ter Stein, du musst mit mir sein".

*Alois Künstler: Das Brünnlein singt und saget (Edition Bingenheim, Verlag Freies Geistesleben)*

Der Text dieses Spielliedes ist in zahllosen Varianten überliefert. Darauf braucht hier nicht näher eingegangen werden. Aber wie verschieden voneinander sind die musikalischen Verhältnisse! Die volkstümliche Melodie besteht eigentlich nur aus einem einzigen zweitaktigen Motiv in „leiernder" Wiederholung. Lediglich das Abbrechen der drei Steine taucht geringfügig aus diesem völlig neutralen Strom auf, in Richtung einer melodischen Gestik.

In Künstlers Vertonung fängt der gespielte Inhalt auch musikalisch an zu sprechen. Nach dem einleitenden 2-tönigen Motiv (2 Takte) mit seiner Wiederholung wird das nun folgende Fragen und Antworten gleichsam gestisch auskomponiert. Welche Kraft besitzt nicht schon allein der hier auftretende Ton e! Der dritte Stein wiegt schwerer als die beiden ersten, das „du" im vorletzten Takt zielt deutlich.

Versucht man, Künstlers Lied genauso zu singen, wie es sich bei der traditionellen Melodie fast von selbst ergibt, nämlich taktlich, wird man bald merken, dass etwas nicht stimmt. Künstler verwendet zwar konventionelle Taktstriche, aber eigentlich komponiert er sprechende Gesten, „jenseits" des Taktgefühls, ganz aus dem Sprachrhythmus. Insofern gibt die Notation nur eine Annäherung an den musikalischen Verlauf. Jemand wie z. B. Béla Bartók hätte diesen schlichten Notentext mit vielerlei zusätzlichen Zeichen gespickt. Versuchsweise denke man sich einmal eine Fermate auf der Silbe Tem-pe-lein, eine andere auf dem Taktstrich nach Mägdelein. Wie spricht das Lied jetzt?

Bei Liedern dieser Art geht es darum, die vom Komponisten intendierte Bewegung hinter dem dürren Notengerippe zu entdecken und so einen lebendigen Fluss zu erreichen, ohne in ein taktmäßiges Raster zu verfallen. Erfahrungsgemäß kann ein zu kompliziertes Notenbild diesen Vorgang aber auch erschweren, wenn Erzieher*innen oder Lehrer*innen, die sich solch ein Lied aneignen möchten, um es mit den Kindern zu singen, über keine professionelle musikalische Ausbildung verfügen. Das einfühlende Hinlauschen einerseits auf die Sprachbilder, andererseits auf die Wesensart der Kinder, auf ihre Art zu singen und sich zu bewegen, ist hier der entscheidende Wegweiser.

# Weitere Liedbeispiele und Komponist*innen der zweiten und dritten Generation

Es kann und soll im hier beabsichtigten Rahmen keine lückenlose Auflistung der von Rudolf Steiner inspirierten Komponist*innen gegeben werden. Vielmehr geht es darum, durch eine kleine Auswahl kommentierter Lieder verschiedene charakteristische Elemente zu verdeutlichen.

Dabei kommen einige der bekanntesten Vertreter*innen aus der Waldorfpädagogik mit jeweils einem besonders prägnanten Liedbeispiel zu Wort. Für die Reihenfolge waren inhaltliche Gesichtspunke leitend, nicht eine strenge Chronologie.

Text: Friedrich W. Güll
Melodie: P. M. Riehm

Ich fal - le vom Hirn - mel in wir - rem Ge - wim - mel; ich

schimm-re und flimm-re und dek - ke das Land zahl-los wie Sand.

Doch un - ver - se - hens im Son - nen - schein schleich ich und

weich ich und schlüpf ins Dun - kel der Er - de hin - ein.

*Paul Schaub / Peter-Michael Riehm: Lieder für die Unterstufe (Verlag Freies Geistesleben)*

Ein Meisterwerk in jeder Hinsicht! Angefangen bei Friedrich Gülls Text, der das Gewirbel der feinen Schneeflocken treffend in Sprache zu bringen vermag:

*Himmel – in wirrem Gewimmel – ich schimmre – flimmre*
Von diesem durchlichteten Himmel geht's hinunter zum
*Land – zahllos wie Sand*
doch im Sonnen-
*schein – schleich ich – weich ich –*
*schlüpf*
*ins Dunkel*
*der Erde*
*hinein.*

**Peter-Michael Riehm** (1947 – 2007) folgt diesem wirren Gewimmel in einer schnellen, wie abwärts kreisenden Dreierbewegung. Aber es ist kein Dreiertakt, sondern ein gesungenes Schneeflokkenwirbeln. Ein Lied, das man kaum im Sitzen singen kann. Singend und sich bewegend werden die Kinder zu Schneeflocken. Bei *Land* kommt die Melodie kurz zur Ruhe, besinnt sich: *zahllos wie Sand* – wird vom *Sonnenschein* ergriffen und kommt im *Dunkel der Erde* zur Ruhe.

Man beachte auch den kompositorischen Kunstgriff, der aber nicht auf-
gesetzt wirkt, sondern ganz aus dem bewegten Bild kommt: Beim Hin-
einschleichen und –weichen kommt durch die Zweierbewegung – die
vom Textmetrum her nicht zwingend ist – ein Augenblick der Überra-
schung und der Beruhigung ins Spiel.

Hält man neben dieses Lied das vertraute *Schneeflöckchen, Weißröckchen*,
kann etwas Charakteristisches noch deutlicher werden. (Auf die Notation dieses allgemein bekannten Liedes wird hier verzichtet.) *Schneeflöckchen,
Weißröckchen* ist zweifellos ein sehr schönes Lied. Nicht zu Unrecht ist es
eines der (wenigen) Lieder, die im deutschen Sprachraum unverwüstlich
lebendig sind. Schmeckt man es auf seinen Stimmungsgehalt hin ab[55],
treten – besonders im Vergleich der beiden Lieder – einige Merkmale
deutlich ins Bewusstsein: Hier möchte man nicht selbst zur Schneeflocke
werden – der zarte Schneeflockentanz wird angeschaut, durchs Fenster,
in heimeliger Stimmung, vielleicht gar mit warmem Kachelofen und But-
zenscheiben.

*Pär Ahlbom: Die Sonnentrommel (edition zwischentöne)*

---

55      Ich habe solche Liedstudien oft mit Gruppen von pädagogisch tätigen oder
interessierten Menschen gemacht. Dabei hat sich die Gegenüberstellung von zwei
oder drei thematisch verwandten Liedern als besonders günstig erwiesen. Methodisch
entscheidend ist, dass immer zuerst der Frage nachgegangen wird, wie man durch ein
Lied „gestimmt" wird (ähnlich, wie das auch für die Intervallübungen, S. 22, beschrieben
wurde). In einem weiteren Schritt kann man dann anschauen, wie das Lied gebaut ist,
und einzelne seiner Elemente auf ihre Anmutungsqualitäten hin untersuchen. Übt man
längere Zeit in dieser Weise, entsteht ein immer deutlicheres Gespür für unterschiedliche
Qualitäten. Man erwirbt sich damit eine sichere Urteilsgrundlage für die Liedauswahl im
pädagogischen Bereich.

Ebenfalls das Werk eines großen Meisters! In der Beschränkung auf wenige singend bewegte Grundgebärden hat es etwas Urwüchsiges, völlig in sich Stimmiges.

**Pär Ahlbom** (*1932) hat dieses Lied 1968 in seinem inzwischen zum Klassiker gewordenen Kinderliederheft *Soltrumman* (deutsche Ausgabe: *Die Sonnentrommel*) veröffentlicht. Innerhalb des an Steiners Anregungen anknüpfenden Komponierens für Kinder ist es vermutlich das erste explizit von der Bewegung ausgehende Beispiel. Pär Ahlbom, der Urvater des heute weit verbreiteten *bewegten Klassenzimmers*, hat wie kaum ein anderer innerhalb der Waldorfpädagogik diesen Bereich intensiv durchgearbeitet.

Der kleinen Aprilwetterstimmung sind knappe choreografische Vorschläge mitgegeben:

a1) In die Mitte trippeln

a2) Kreis weiten, Arme ausbreiten

b) mit ausgebreiteten Armen frei segeln, dann

c1/c2) rasch sich als Kreis bei den Händen finden und erst in der einen, dann in der anderen Richtung wehen

d) Arme öffnen zur Sonne

Interessante Erfahrung aus der Kursarbeit mit Erwachsenen, die dieses Lied nicht kennen: Gibt man in eine freudig und offen bewegte Grundstimmung hinein zunächst nur die Worte, mit der Aufforderung, daraus Raumbewegungen und Gesten und in einem weiteren Schritt dann auch entsprechende Melodiebewegungen zu finden, so kommen aus der Gruppe heraus immer wieder Formen zustande, die den vom Komponisten gefundenen stark ähneln. Das zeigt, dass Melodie und Bewegung vom Komponisten ganz aus dem gestisch-musikalischen Erleben der Sprachbilder geschöpft wurden.

Noch eine Anmerkung zum Problem des Übersetzens solcher Liedtexte: Die angestrebte Kongruenz von Inhalt, Sprache und musikalischer Bewegung lässt sich nicht immer restlos von einer Sprache in die andere übertragen. In der deutschen Sprache würden wir erwarten, dass die Sonne „hell" scheint und die Wolken „ziehen". Die Textübertragung bleibt hier aus Gründen der Stimmigkeit von Sprachklang und Melodiebewegung näher am schwedischen Original, lässt die Sonne „klar" scheinen und die Wolken „segeln".

80

*langsam*

Un - ten hängt die gro - ße Glo - cke, weht mit

ih - rem wei - ten Ro - cke: baumm baumm baummm ...

*rascher*

In der Mit - te klingt die Schö - ne, schenkt uns im - mer gold' - ne

Tö - ne: bam - bamm, bam - bamm, bam - bamm ...

*schnell*

Dro - ben hängt die klit - ze - klei - ne, bim - melt im - mer von al -

lei - ne: bim - me - lim, bim - me - lim, bim - me - lim - me - lim - me - limm!

*Christian Giersch: Aus allen Dingen klingt ein Lied (edition zwischentöne)*

**Christian Giersch** hat Text und Melodie dieses Liedes geschrieben. Es ist als eine Art Kinderharfen-Etüde entstanden. Deshalb die vielen Ton-wiederholungen und die Beschränkung auf drei markante Töne des pentatonischen Instruments: den tiefsten, den mittleren und den hellsten. Aber diese Etüde riecht nicht nach Technik oder beschwerlichem Üben. Sie ist schiere Bewegungsfreude. Die Sänger und Spieler, im Stehen, mit dem Instrument in der Hand, verwandeln sich in schwingende Glocken: erst in die zuunterst hängende, große, dicke, mit dem weiten Rock; dann in die mit den goldenen Tönen, es ist die Schöne – und sie weiß sehr wohl, dass sie schön ist, das hört man; und schließlich die Kleine hoch droben, wo es schon ganz eng wird im Turm, die ist ganz schön vorwitzig!

Dass der Text auch Einiges an stimmbildnerischen Qualitäten aufzuweisen hat, sei nur am Rande vermerkt.

81

Und was das Ganze so besonders macht: Diese drei Glocken unterscheiden sich nicht nur nach Größe und Tempo. Es sind drei ganz eigene Charaktere mit jeweiliger Gangart.

Text: Hedwig Diestel
Melodie: Wolfgang Wünsch

*Wolfgang Wünsch: Zusammenklang 1. Kinderlieder (edition zwischentöne)*

**Wolfgang Wünsch** (1926 – 2020) weiß, dass sie ganz schön wendig sind, die kleinen Meisen! In Text, Melodie und Rhythmus ist die Art ihrer Bewegung genau getroffen. Und das zweimalige *Zizibe!* am Ende schafft Momente des Aufhorchens. Für Kinder kein Problem, so ein kleiner Zwitscherling zu werden. Als Erwachsener hat man es schon schwerer, sich da einzufühlen. Wieder sind die konventionellen Notenwerte nur Annäherungen an das Gemeinte. Würde man leichtsinnigerweise Taktstriche hineinsetzen – Dreivierteltakt mit zwei Achteln Auftakt – die Flügel wären gestutzt!

I - gel im Hü-gel schläft tief, schläft tief. Wer da rief? Das Käuz-chen,

die-weil al - les schlief, al - les schlief. AI-les? AI-les schlief.

*Stephan Ronner: Der Wind streicht übers weite Land (edition zwischentöne)*

**Stephan Ronner** bringt hier allerlei Getier ins Spiel. Aber die haben Nebenrollen. Im Mittelpunkt steht der Igel. Er hat schon seinen Winterschlaf begonnen. Es ist November. Es geht ruhig zu. Und ein bisschen ernst. Nicht so vergnügt wie bei den Meisen. Jedenfalls ist diese tiefe Schlafstimmung da im Hügel exzellent getroffen. Ob die anderen Tiere gerade auch schlafen? Da muss man am Ende doch noch einmal genau hinhören!

Der Komponist schlägt vor, dem gesungenen Geschehen ein paar Gebärden beizugeben, aber nicht zu viele.

Text: Angelus Silesius
Melodie: Reinhild Brass

Rein wie das fein - ste Gold, fest wie ein Fel - sen - stein,

ganz lau - ter Kri - stall, soll mei - ne See - le sein.

*Reinhild Brass: Rein wie das feinste Gold (edition zwischentöne)*

**Reinhild Brass** beschließt das Nachwort zu ihrem Kinderliederheft mit den Worten: „Es gilt, die Größe des Kindseins zu respektieren." In den drei seelischen Idealen, die im Text von Angelus Silesius bildhaft anklingen, ist etwas von dieser Größe spürbar. Ebenso in den streng geführten melodischen Bewegungen. Hier kommt alles Äußere zur Ruhe. Aber Außen und Innen sind eins.

# Der Bildungswert des Singens und die musikalische Würde des Kindes

*Ja, ein göttlich Wesen ist das Kind, solang es noch nicht in die Chamäleonsfarbe der Menschen getaucht ist. Es ist ganz, was es ist, und darum ist es so schön. Der Zwang des Gesetzes und des Schicksals betastet es nicht; im Kind ist Freiheit allein.*

Friedrich Hölderlin: Hyperion

Zu den Merkmalen der Waldorfpädagogik gehört, dass der Frage der Altersgemäßheit dessen, was die Erwachsenen an das Kind herantragen, womit sie das Kind umgeben, größte Aufmerksamkeit entgegengebracht wird. Es gilt also, das bereits im Vorwort erwähnte Prinzip der Resonanz sowohl in Bezug auf die Inhalte des Lernens als auch in der Art der Vermittlung und der Beziehungsgestaltung zu berücksichtigen. In diesem Sinne kann die Musik – wie auch alles andere in der Umgebung des Kindes – als eine menschenbildende Kraft verstanden werden. Das ist nicht pathetisch, sondern ganz nüchtern gemeint. Menschenbildung ist dabei nicht misszuverstehen als auf festgelegte Vorstellungen bezogen und vergangenheitsorientiert, sondern im Gegenteil ganz zukunftsoffen: Der Erwachsene stellt dem Heranwachsenden Entwicklungsräume zur Verfügung. In ihnen „bildet" sich der Heranwachsende selbst. „Bildung" ist also auf das Werdende gerichtet – ein in seiner Qualität zutiefst musikalischer Prozess![56]

Aus der Gesamtheit dieses Bildungs-Prozesses ist unter den bis zu dieser Stelle ausgeführten Aspekten ein bestimmter Ausschnitt näher untersucht werden, der gerade für das Vorschulalter und für die ersten Schuljahre von nicht zu unterschätzender Bedeutung ist: Die musikalische Hör- und Stimmungsumgebung, die wir als Erwachsene für das Kind schaffen. Dass das Singen hierbei eine eminente Rolle als Entwicklungsfaktor spielt, jedenfalls spielen sollte, wird heute nicht mehr ernsthaft infrage gestellt und kann in vielen Publikationen nachgelesen werden.[57]

---

56    Nicht von ungefähr hat Steiner (GA 275, 2.1.1915) einmal die jedem Erzieher oder Lehrer nötige „auf alles Entwicklungsmäßige" gerichtete Grundhaltung als musikalische Stimmung bezeichnet. Vgl. dazu auch Steiners 1919 den ersten Waldorflehrern vorgetragene Gedanken zu Vorstellung und Bild als vergangenheitsbezogen, auf der anderen Seite Wille als sympathiegetragener Zukunftskeim (GA 293, 22.8.1919).

57    Z. B. Mohr & Wohlrab (2008), Trüün et al. (2012), Winter & Stiftung „Singen mit Kindern" (2008). – Es gehört zur Tragik der Geschichte insbesondere der deutschen Musikpädagogik, dass sie in der zweiten Hälfte des 20. Jahrhunderts das Singen als eine durch Vorbild und Nachahmung zu erwerbende menschliche Grundfähigkeit nahezu hat aussterben lassen. Diesen Gang durch Höhen und Tiefen darzustellen, würde einen eigenen Beitrag erfordern. – Hier nur die Hauptstationen dieser Geschichte im

Mit jüngeren Kindern Lieder zu singen gilt heute allgemein als pädagogisch sinnvoll, ja: notwendig. Durch engagierte und sehr verdienstvolle Arbeiten von gesangspädagogischer Seite[58] ist ein zunehmend differenziertes Bewusstsein für die Kinderstimme und für die Berücksichtigung stimmpädagogischer Qualitäten bei der Liedauswahl entstanden. Auch bemüht man sich in den Kindergärten mit neu geschärftem Bewusstsein um Formen kindgemäßer, aktiver Musikvermittlung.

Was aber nun am einzelnen Lied selbst tatsächlich kindgemäß, also altersgemäß sein könnte, diese Frage wird in ihrer Tiefenschicht und Komplexität kaum reflektiert. Und eine weitere Frage wird kaum gestellt: die nach dem ästhetischen Wert eines Liedes, nach seiner musikalischen und textlichen Qualität. So findet man vor allem unter den neueren Kinderliedern, neben manchem Guten und Brauchbaren, Beispiele von oft unsäglicher Trivialität, sowohl musikalisch als auch textlich. Angesichts dieser Flut von aktionistischer „Bespaßung" gilt es ins Bewusstsein zu nehmen: Es gibt auch eine musikalische Würde des Kindes!

Ich gebe dazu Donata Elschenbroich das Wort:

„In die Liste des Weltwissens haben wir aufgenommen, dass jedes

---

58 Stenogrammstil: Jugendbewegung (Wandervogel) zu Beginn des 20. Jahrhunderts – neuer Stellenwert des Singens und des Volkslieds (z.B. Gemeinschaftsbildung durch Singen) → Jugendmusikbewegung → großer Einfluss auf die Musikpädagogik in den allgemeinbildenden Schulen – Nationalsozialismus okkupiert diese Errungenschaften (in den Schulen) und sozialen Formen (Hitlerjugend) → führende Vertreter der Jugendmusikbewegung lassen sich vom Nationalsozialismus vereinnahmen – nach dem 2. Weltkrieg setzen sie ihre Arbeit in den Schulen fort, ohne Aufarbeitung der Vergangenheit, ohne Reflexion etwaiger ideologischer Einseitigkeiten im eigenen Tun → Adorno, wortgewaltiger und einflussreicher, musikalisch geschulter Philosoph, brandmarkt diese Pädagogik als reaktionär. In seiner „Kritik des Musikanten" (Adorno 1956, zit. nach Adorno 1997, S. 81) heißt es vernichtend: „Nirgends steht geschrieben, dass Singen not sei." → Damit ist Singen in der Schule „angezählt". – Im Zuge der 1968er Bewegung gerät das schulische Singen weiter in Misskredit, da manipulativ und vergangenheitsbelastet. Die Lehrbücher der 1970er Jahre sind orientiert an Adornos Ideal des kritischen Hörers. Aktiv gesungen wird immer weniger. – Am Ende des 20. Jahrhunderts ist ein Tiefpunkt erreicht: Inzwischen hat eine ganze Generation von Eltern, Erzieher*innen, Lehrer*innen deutliche Probleme mit dem Singen. – Mit Beginn des 21. Jahrhunderts wird „Singen im Kindergarten" (Brünger, 2003) als Notstandsgebiet erkannt – In zahllosen Initiativen und Publikationen wird seither diesem Notstand entgegengewirkt – Der Wert des Singens ist gleichsam neu entdeckt worden. – Flankiert werden diese Bemühungen durch viele neuere Forschungsergebnisse zur Wirkung des Singens: „Singen ist Kraftfutter für Kindergehirne" (Hüther o. J.).
58 Stellvertretend sei hier auf Andreas Mohr verwiesen (Mohr, 2013).

Kind in den ersten sieben Jahren mit Formen des aktiven Musizierens in Berührung gekommen sein sollte. Niemand hat widersprochen, aber so recht begeistern konnten sich dafür nur wenige Gesprächspartner. Liegt das am Eindruck, den die ‚musikalische Früherziehung‘ hinterlässt?

‚Wir wandern ins Mi-ma-Musik-Mitmachland‘, wo im ‚Notendschungel‘ die Giraffen ihre Violinschlüssel-Hälse recken ... Hopsen zum Klang von Fahrradklingeln ... Schaben und Rasseln auf elementaren Geräuschinstrumenten, diesen Schellen und Klötzchen ohne Glanz ... das ist alles irgendwie verlegen und nicht besonders attraktiv. Dieses harmlose, „spielerische" Musizieren machen die Kinder eine Zeit lang mit, sie sind gutmütig. Aber ihre Infantilisierung lassen sie sich nicht auf Dauer gefallen. Da ist für sie nichts zu erwarten, das ist zu flach. Dann wenden sie sich ab und suchen ein weniger albernes Medium für ihre innere Bewegung. Und finden vielleicht keines. Oder die dröhnende Lautstärke der Discos, die auf Dauer ihrem Gehör nicht gut tut.

Musik ist nicht nur lustig. Als Albert Schweitzer mit acht Jahren zum ersten Mal Orgelspiel hörte, musste er sich an der Wand anlehnen, um nicht umzufallen. Musik ist nicht nur harmonisch, sie ist oft zu viel für uns, mehr, als wir ertragen können. Ein transzendentales Erlebnis in der Kindheit, da ist kein Begriff stark genug.

Der munter harmlose Umgang mit Musik ist eine Beleidigung der Musik und der Kinder. Nur das ganze Kind kann etwas wissen, und nur die ganze Musik ist Musik" (Elschenbroich 2002, S. 232 f.).

Das sind starke Worte! Aber hier geht es ums Ganze. Und die Würde des Kindes ist nicht relativierbar. Zoltán Kodály, ein weiterer Kronzeuge in unserem Zusammenhang, spricht eindringlich von der Humanität des Kindes und ihrer Gefährdung:

„Die Erzieherinnen der Kindergärten müssen darüber aufgeklärt werden, wie groß die Verantwortung ist, die sie tragen, wie schwer sie die Kinder in ihrer Humanität [...] schädigen, wenn sie sie mit schlechten Liedern füttern."[59]

Dieser Appell aus dem Jahr 1940 hat in seiner Kernaussage auch nach 80 Jahren nichts an Aktualität eingebüßt.

---

59    Kodály, ungarischer Komponist und Musikpädagoge, in einem 1940 in Budapest gehaltenen Vortrag (Kodály, 1983, S. 63).

# Literatur

Adorno, Theodor W. (1956): Kritik des Musikanten. Zit. nach Adorno: Gesammelte Werke, Bd.14, Dissonanzen. Frankfurt/Main 1997

Ahlbom, Pär (2021): Die Sonnentrommel (Neuausgabe). Weilheim/Teck

Arnim, Achim von Brentano, Clemens (1806 bis 1808): Des Knaben Wunderhorn, 3 Bde. Heidelberg

Baumann, Paul (1921/1922): Lieder der Freien Waldorfschule. 4 Hefte (zahlreiche Neuauflagen)

Baumann, Paul (1927): Musikalische Erziehung. Quintenstimmung. In: Das Goetheanum (Wochenschrift), Jg. 1927

Beilharz, Gerhard (2003 d): 3 biografische Portraits (Lothar Gärtner, Julius Knierim, Edmund Pracht). In: Bodo von Plato (Hg.): Anthroposophie im 20. Jahrhundert, Dornach

Beilharz, Gerhard (2003 e): Alois Künstler, biografisches Portrait. In: Biographien online, www.kulturimpuls.org

Beilharz, Gerhard (Hg.) (2004): Musik in Pädagogik und Therapie. Stuttgart

Beilharz, Gerhard (2004a): Die Leier. In: Beilharz, G. (Hg.): Musik in Pädagogik und Therapie. Stuttgart

Beilharz, Gerhard (2018): Entwicklungsräume. Zur Geschichte der modernen Leier. Weilheim/Teck (Sonderdruck)

Beilharz, Gerhard (2019): Julius Knierim. Quellort muss immer die Kunst bleiben. Weilheim/Teck

Beilharz, Gerhard / Giersch, Christian / Tobiassen, Martin (2014): Kinderharfe unterrichten. Gesichtspunkte und Anregungen für die Praxis. Weilheim/Teck

Beilharz, Gerhard / Kumpf, Christiane (2005): Übwege mit pentatonischen Choroiflöten. Weilheim/Teck

Beilharz, Gerhard / Kumpf, Christiane (2019): Die Erlebnistiefe. Eine Skizze zur musikalischen Entwicklung. In: Brass, Reinhild / Hasler, Stefan (Hg.): „Das Tonerlebnis im Menschen" von Rudolf Steiner. Dornach

Bloch, Ernst (1930/1972): Spuren. Erstausgabe 1930. Zitiert nach der Ausgabe 1972, Frankfurt/M.

Böhme, Franz Magnus (1897/1967): Deutsches Kinderlied und Kinderspiel. Leipzig 1897 (Nachdruck 1967, Nendeln/Liechtenstein)

Brailoiu, Constantin (1973): La rhythmique enfantine. In: C. Brailoiu: Problèmes d'Ethnomusicologie. Genf

Brass, Reinhild (2010): Hörwege entdecken. Musikunterricht als Audiopädie. Weilheim/ Teck

Brass, Reinhild (2018): Rein wie das feinste Gold: Lieder für Kinder. Weilheim/Teck

Brass, Reinhild (2019): Die Welt der Quintenstimmung. In: Brass, Reinhild / Hasler, Stefan (Hg.): „Das Tonerlebnis im Menschen" von Rudolf Steiner. Dornach

Brednich, Rolf Wilhelm / Rörich, Lutz / Suppan, Wolfgang (Hg.) (1973): Handbuch des Volksliedes, Bd. 1 und 2. München

Brünger, Peter (2003): Singen im Kindergarten: Eine Untersuchung unter bayerischen und niedersächsischen Kindergartenfachkräften. Augsburg

Bruhn, Herbert (2005): Entwicklung von Rhythmus und Timing. In: Oerter, Rolf/Stoffer, Thomas (Hg.): Spezielle Musikpsychologie. Göttingen

Brunner-Traut, Emma (1974): Altägyptische Sprache und Kindersprache. Eine linguistische Anregung. In: Studien zur altägyptischen Kultur, Jg. 1, 1974

Brunner-Traut, Emma (1990): Frühformen des Erkennens am Beispiel Altägyptens. Darmstadt

Davy, Doris (1971): The rejoicing eye. In: The Golden Blade. London

De la Motte-Haber, Helga (1996): Handbuch der Musikpsychologie. Laaber 2. Aufl. 1996

Elschenbroich, Donata (2002): Weltwissen der Siebenjährigen: Wie Kinder die Welt entdecken können. München

Fuchs, Gerburg (2004): Die Pädagogik des Lauschens. (Vertrieb durch edition zwischentöne, Weilheim/Teck)

Fröbel, Friedrich (1844): Mutter- und Koselieder. Blankenburg

Gebser, Jean (1986): Ursprung und Gegenwart. Gesamtausgabe Bd. 2 bis 4. Schaffhausen

Gembris, Heiner (1987): Musikalische Fähigkeiten und ihre Entwicklung. In: de la Motte-Haber, Helga (Hg.): Handbuch der Musikpädagogik, Bd. 4. Kassel

Gembris, Heiner (2013): Grundlagen musikalischer Begabung und Entwicklung. Augsburg, 3. Aufl. 2013

Giersch, Christian (2015): Aus allen Dingen klingt ein Lied: 20 Kinderlieder. Weilheim/Teck

Greiner, Johannes (2019): Intervallstimmungen, Tonanzahl und Kulturepochen. In: Brass, Reinhild / Hasler, Stefan (Hg.): „Das Tonerlebnis im Menschen" von Rudolf Steiner. Dornach

Gruhn, Wilfried (2011): Im Anfang ist das Ohr. In: Loritz, M. et al. (Hg.): Musik – Pädagogisch – Gedacht. Augsburg

Heydebrand von, Caroline (1925): Vom Lehrplan der Freien Waldorfschule (Neuauflage Stuttgart 1983)

Hoerburger, Felix / Segler, Helmut (Hg.) (1977): Klare, klare Seide. Kassel

Hüther, Gerald (o. J.): Singen ist „Kraftfutter" für Kindergehirne. www. il-canto-del-mondo.de/2020/03/27/singen-ist-kraftfutter-fuer-kinderhirne/

Kalwa, Michael (1997): Begegnung mit Musik: ein Überblick über den Lehrplan des Musikunterrichts an der Waldorfschule. Stuttgart

Kodály, Zoltán (1983): Wege zur Musik: Ausgewählte Schriften und Reden. Budapest

Koepke, Hermann (1984): Das neunte Lebensjahr. Dornach

Korzcak, Janusz (1973): Wenn ich wieder klein bin und andere Geschichten. Göttingen

Knierim, Julius (1970): Quintenlieder. Übungsbuch für Erwachsene, die mit Kindern vor dem 9. Jahre singen, spielen und tanzen wollen. Bingenheim

Knierim, Julius (1988): Zwischen Hören und Bewegen. Von den Heilkräften der Musik. Wuppertal

Kranich, Ernst-Michael (1990): Veränderungen von Wachen und Schlafen im Kindes- und Jugendalter. In: Leber, Stefan (Hg.): Der Rhythmus von Wachen und Schlafen. Beiträge zur Pädagogik Rudolf Steiners. Stuttgart

Kranich, Ernst-Michael (2003): Der innere Mensch und sein Leib. Eine Anthropologie. Stuttgart

Krüss, James (1959): So viele Tage, wie das Jahr hat. München

Künstler, Alois (2012): Das Brünnlein singt und saget. 13. Aufl., Stuttgart

Kumpf, Christiane (2005): Übungen für den Lehrer. In: Beilharz, G./Kumpf, Chr.: Übwege mit pentatonischen Choroiflöten. Weilheim/Teck

Lampson, Elmar und Holger (1984): Alois Künstler zum 80. Geburtstag. Eine Festschrift. Wuppertal

Leber, Stefan (1993): Die Menschenkunde der Waldorfpädagogik. Anthropologische Grundlagen der Erziehung des Kindes und Jugendlichen. Stuttgart

Lehrs, Ernst (1966): Mensch und Materie. Ein Beitrag zur Erweiterung der Naturerkenntnis nach der Methode Goethes. Frankfurt/Main

Lorbe, Ruth (1971): Die Welt des Kinderliedes. Weinheim

Maier-Karius, Johanna (2010): Beziehungen zwischen musikalischer und kognitiver Entwicklung im Vor- und Grundschulalter. Berlin

Mohr, Andreas (2013): Handbuch der Kinderstimmbildung. Kassel

Mohr, Andreas / Wohlrab, Gertrude (2008): Lieder, Spiele, Kanons: Stimmbildung in Kindergarten und Grundschule. Kassel

Müller-Wiedemann, Hans (1973/1984): Mitte der Kindheit. Erstauflage Stuttgart 1973. Zitiert nach der Taschenbuchausgabe, Frankfurt/M. 1984

Papoušek, M. / Papoušek, H. (1997): Stimmliche Kommunikation im frühen Säuglingsalter als Wegbereiter der Sprachentwicklung. In: Keller, H. (Hg.): Handbuch der Kleinkindforschung. Bern

Pfrogner, Hermann (2010): Lebendige Tonwelt: zum Phänomen Musik. Reprintausgabe, Weilheim/Teck (Originalausgabe 1976 München)

Plessner, Helmuth (1980): Gesammelte Schriften III. Anthropologie der Sinne. Frankfurt/Main

Pracht, Edmund (1928): Die Erde hat uns lieb. Stuttgart – Den Haag – London

Pracht, Edmund (1956): Die Entwicklung des Musikerlebens in der Kindheit. In: Heilende Erziehung. Arlesheim/Schweiz. (Neuausgabe: Bort, Julia et al.: Heilende Erziehung. Stuttgart 1998)

Riehm, Peter-Michael (2007): Musikunterricht aus lebendiger Menschenkunde. In: Riehm, P.-M.: Das Ziel ist der Mensch. Weilheim/Teck (Erstveröffentlichung in: G. Beilharz (Hg.): Erziehen und Heilen durch Musik, Stuttgart 1989)

Riehm, Peter-Michael / Schaub, Paul (2008): Lieder für die Unterstufe. 2. Aufl., Stuttgart

Rittelmeyer, Christian (2002): Pädagogische Anthropologie des Leibes. Biologische Voraussetzungen der Erziehung und Bildung. Weinheim und München

Ronner, Stephan (2004): Der Waldorf-Musiklehrplan als Antwort auf Entwicklungsbedürfnisse. In: Beilharz, G. (Hg.): Musik in Pädagogik und Therapie. Stuttgart

Ronner, Stephan (2004). Der Wind streicht übers weite Land. Lieder, Bilder, Bewegung; für die bginnende Schulzeit. Weilheim / Teck

Ronner, Stephan (2005): Praxisbuch Musikunterricht. Ein Wegweiser zur Musikpädagogik. Stuttgart

Ruland, Heiner (19819: Ein Weg zur Erweiterung des Tonlebens. Basel

Ruland, Heiner (1987): Die Neugeburt der Musik aus dem Wesen des Menschen. Schaffhausen

Stadler Elmer, Stefanie (2011): Entwicklung des Singens. In: Bruhn/Kopiez/Lehmann (Hg.): Musikpsychologie. Das neue Handbuch. Göttingen

Steiner, Rudolf (GA 275): Kunst im Lichte der Mysterienweisheit. 1914/1915 Dornach. 1. Aufl. 1966, Dornach

Steiner, Rudolf (GA 278): Eurythmie als sichtbarer Gesang. 1924 Dornach. 7. Aufl. 2016, Dornach

Steiner, Rudolf (GA 283): Das Wesen des Musikalischen und das Tonerlebnis im Menschen. 4. Aufl. 1981, Dornach

Steiner, Rudolf (GA 293): Allgemeine Menschenkunde als Grundlage der Pädagogik. 1919 Stuttgart. 9. Aufl. 1992, Dornach

Steiner, Rudolf (GA 294): Erziehungskunst: Methodisch-Didaktisches. 1919 Stuttgart. 6. Aufl. 1990, Dornach

Steiner, Rudolf (GA 307) (1986): Gegenwärtiges Geistesleben und Erziehung. 1923 Ilkley. 5. Aufl. 1986, Dornach

Steiner, Rudolf (GA 311) (1989): Die Kunst des Erziehens aus dem Erfassen der Menschenwesenheit. Torquay 1924. GA 311, Dornach 5. Aufl. 1989

Suppan, Wolfgang (2000): Melodiestrukturen im deutschsprachigen Brauchtumslied. In: Suppan, Wolfgang: Werk und Wirkung. Musikwissenschaft als Menschen- und Kulturgüterforschung. Tutzing

Temperli, Susann (2019): Anregungen zum Umgang mit der Quintenstimmung. In: Brass, Reinhild / Hasler, Stefan (Hg.): „Das Tonerlebnis im Menschen" von Rudolf Steiner. Dornach

Trehub, Sandra (2005): Musik in der frühen Kindheit. In: Oerter, Rolf/Stoffer, Thomas (Hg.): Spezielle Musikpsychologie. Göttingen

Trehub, S./Schellenberg, G./Hill, D. (1997): The origins of music perception and cognition: A developmental perspective. In: Deliège, I./Sloboda, J. (Hg.): Perception and cognition of music. East Sussex

Trüün, Friedhilde (2012): Komm, sing mit mir. Denn jedes Kind kann singen lernen, (unter Mitarbeit von Claudia Schwanhäußer und Marion Schäuble). Stuttgart

Vahle, Fredrik (1992): Kinderlied. Erkundungen zu einer frühen Form der Poesie im Menschenleben. Weinheim und Basel

Walker, Erwin (1927): Das musikalische Erlebnis und seine Entwicklung. Göttingen

Waller, Peter (2004): Spiel. Von der äußeren zur inneren Bewegung. Gedanken über das Spielen. In: Beilharz, G. (Hg.): Musik in Pädagogik und Therapie. Stuttgart

Wiora, Walter (1957): Älter als die Pentatonik. In: Studia memoriae Belae Bartók sacra. Budapest

Winter, Andrea / Stiftung „Singen mit Kindern" (2008): Singen im Kindergarten: Handbuch. Rum/Innsbruck

Wünsch, Wolfgang (1995): Menschenbildung durch Musik. Der Musikunterricht an der Waldorfschule. Stuttgart

Wünsch, Wolfgang (2004): Rhythmus, Takt, Tempo. In: Beilharz, G. (Hg.): Musik in Pädagogik und Therapie. Stuttgart

Wünsch, Wolfgang (2015): Zusammenklang 1. Kinderlieder. Weilheim/Teck

Ziemann, Heinrich / Ziemann-Molitor, Elisabeth (1930): Eine neue Grundlage im Musikunterricht an Volksschulen. Sonderveröffentlichungen der Rudolf-Steiner-Blätter, Heft 3. Hamburg

Ziemann, Heinrich / Ziemann-Molitor, Elisabeth (1931): 200 Alte Deutsche Volkslieder für die Fünfton-Flöte. Hamburg

# Lebenselement Musik

## Aus der Arbeit der Freien Musik Schule
## Kunst – Pädagogik – Therapie

### 1

Reinhild Brass

## Dem Hören vertrauen

2018, 125 Seiten, Broschur

### 2

Gerhard Beilharz

## Julius Knierim –
## Quellort muss immer die Kunst bleiben

2019, 380 Seiten, gebunden

### 3

Gerhard Beilharz / Christiane Kumpf

## Übwege mit pentatonischen Choroiflöten

*Ein Arbeitsheft für Unterrichtende*

2. Aufl. 2021, 52 Seiten, Format A4, kartoniert

edition ⌇ zwischentöne